Liebe Dich - immer

Anja Saskia Beyer

Das Buch:
Eine Strandbar am See, ein Garten, eine berührende Liebesgeschichte
- von #1-Bestsellerautorin Anja Saskia Beyer

Emma hat das Vertrauen in Männer seit einem zutiefst verstörenden Erlebnis verloren. Als ihre quirlige Mutter zu ihrer Jugendliebe nach Berlin ziehen will, geht Emma mit und versucht einen Neuanfang. Die Seen im Berliner Umland faszinieren sie, aber dass dieser attraktive, unnahbare Ben von der Strandbar ausgerechnet ihr Nachbar sein muss, hätte nicht sein müssen. Trotz seiner abweisenden Art fühlt sich Emma zu Ben hingezogen. Doch auch er trägt schon viel zu lange ein dunkles Geheimnis mit sich herum. Schaffen es Emma und Ben, wieder zu vertrauen und gibt es eine Chance für ihre Liebe?

Die Autorin:

Anja Saskia Beyer studierte Theater-, Kommunikationswissenschaft und Werbepsychologie in München. Sie arbeitet erfolgreich als Drehbuchautorin und Dramaturgin für das Fernsehen. Seit 2013 schreibt sie Romane, darunter mehrere #1-Kindle-Bestseller und #1-BILD-Bestseller.
Anja Saskia Beyer lebt mit ihrer Familie und ihrem Hund in Berlin.

ANJA SASKIA BEYER

Liebe Dich
- immer

Roman

Besuchen Sie die Autorin im Internet:

www.Anja-Saskia-Beyer.com
www.facebook.com/AnjaSaskiaBeyer
www.instagram.com/AnjaSaskiaBeyer

Copyright: ©2015 Anja Saskia Beyer
Alle Rechte vorbehalten.

Lektorat/Korrektorat: Carmen Kockler
Cover: Grit Bomhauer
© **Depositphotos** – mexrix | schankz | maximleshkovich | AndreYanush
© **Adobe Stock** – Sami | Jenny Sturm

ISBN Taschenbuch: 978-3-9815843-7-0
Dieser Titel ist auch als ebook erhältlich:
ISBN ebook: 978-3-9815843-6-8

1. Kapitel

»Hast du Herzklopfen, Emma?«
»Geht.« Es kam etwas zu schnell.
Ihre zierliche Mom saß am Steuer, lenkte den Wagen über eine holprige Landstraße, die von großen Bäumen gesäumt wurde. Sie sah Emma besorgt von der Seite an. Emmas Herz klopfte so laut, dass es das Motorengeräusch übertönte, das Schnurren von Bijoux, ihres dicken Katers auf dem Rücksitz. Sie riss sich zusammen.
»Na ja, also ein bisschen schon. Und du, Mom?«
»Und wie. Wie verrückt. Hey, es ist der Beginn unseres neuen Lebens.«
Emma nickte nur unsicher. Ihr kleiner Bruder Anton saß selig schlafend auf dem Rücksitz neben dem Katzenkorb. Zwei Koffer hatten sie auf das Dach geschnallt, der Kofferraum platzte aus allen Nähten. Eine Topfpflanze stand zu Emmas Füßen.
Ihre quirlige Mutter Mary, eine zarte Person mit blondgefärbten, locker hochgesteckten Haaren und einem filigranen Gesicht, lächelte jetzt verträumt.
»Ich glaube, in Berlin werden wir endlich wieder glücklich. Richtig glücklich. Werner ist so toll.«
Emma schluckte, schnalzte ein wenig mit der Zunge, unhörbar. Mit ihren braunen Haaren und

ihren schwarz-grauen Klamotten war Emma nicht nur optisch das Gegenteil ihrer Mutter. Auch in ihrem ruhigen, schüchternen Wesen.

Die Gegend sah jetzt ein bisschen aus wie in einem alten Film, als käme gleich ein Gutsherr mit seiner Kutsche daher. Dabei befanden sie sich bereits in Berlin, oder besser gesagt schon wieder am Stadtrand. Sie hatten in ihrem Dorf bei Erlangen alles aufgelöst, um hierher zu ziehen, um zu vergessen, aber auch der Liebe wegen.

Aber Emma war nicht gut darin, schmerzhafte Erinnerungen aus ihrem Gedächtnis zu löschen. Genauso wenig darin, auf fremde Menschen zuzugehen, Grenzen zu setzen, Nein zu sagen. Zumindest seit jenem verhängnisvollen Abend nicht mehr, der ihr Leben veränderte. Seitdem konnte sie keinem Menschen mehr trauen, auch nicht sich selbst und das machte ihr Angst. Es fühlte sich an, wie eine Schande, als wäre es ihre Schuld gewesen. Auch ihre Mom konnte ihr das nicht ausreden. Ihre Mom, die einzige Person, der sie noch blind vertraute. Vermutlich deshalb wohnte Emma bisher immer noch bei ihr. Und das mit Anfang 20. Sie gab ihr Wärme und Geborgenheit.

Doch Ihre Mutter hatte bei Facebook vor ein paar Monaten ihre erste Jugendliebe ausfindig gemacht. Wochenlang mit ihm gechattet, stundenlang telefoniert und Werner an so manch einem Wochenende in Berlin alleine besucht. »Ich kenne ihn von damals, das ist doch perfekt. Emma, er ist ein guter Kerl, diesmal kein Griff ins Klo, ganz sicher.«

Emmas Herz zog sich zusammen, doch sie hatte sich ein Ziel gesetzt: wenn schon sie offenbar nicht mit einem Mann glücklich werden konnte, dann wenigstens ihre Mutter. Ihre etwas durchgeknallte Mom, die für Emma da war, in den verstörendsten Stunden ihres Lebens. Sie hatte sich die größten Sorgen und Vorwürfe gemacht, so sehr mit Emma mitgelitten. Zusammen lagen sie tagelang auf Emmas Bett, hatten sich im Arm gehalten und geweint.

Auch all die Jahre zuvor hatte sich ihre Mutter abgerackert für Emmas kleinen Bruder Anton und sie. Hatte nächtelang in Bars bedient und sich die grapschenden Kerle vom Leib halten müssen, nur um sie alle durchzubringen.

Emma schauderte. Im Radio dudelte jetzt irgendeine fröhliche Musik.

»Du wirst Berlin mögen. Du hast es ja noch nie in echt gesehen. Und jetzt sind wir auch nur über den Berliner Ring vorbeigerauscht. Ich hätte euch viel mehr zeigen müssen. Das tut mir so leid, stattdessen sind wir in diesem Dorf versauert. Ich bin einfach eine schreckliche Mutter.«

»Das bist du nicht, Mom!«, erwiderte Emma vehement. Es stimmte. Sie hatte die Welt noch nicht gesehen. Aber im Internet, in Blogs oder auf YouTube. Reichte das denn nicht? Emma sah sich gerne Reiseberichte und Dokumentationen über ferne Länder an. Aber den Mut, alleine eine Reise zu wagen, nicht einmal eine kleine, hatte sie nicht. Und eine beste Freundin, die sie dazu aufgefordert hätte, mitzukommen, ebenso wenig.
In diesem Dorf bei Erlangen hatten sie zweieinhalb Jahre gelebt. Davor in einem anderen Dorf, davor ... Emma erinnerte sich schon beinahe nicht mehr. Vor ein paar Monaten hatte Emma in der Uni in Erlangen endlich ein paar nette Kontakte geknüpft. Für einen schüchternen Menschen wie Emma kostete das viel Kraft und Überwindung. Kurz danach erzählte ihre Mutter das erste Mal von Werner. Und dann, kaum, dass sie drei Monate zusammen waren, kam ihr Vorschlag, aus heiterem Himmel: nach Berlin zu ziehen. Denn ihre Mutter hatte sich Hals über Kopf in diesen Werner verliebt oder besser gesagt wieder verliebt. Obwohl sie ihn kaum kannte. Er hatte ihr eine Stelle an einer Strandbar am Müggelsee besorgt und irgendeine günstige, vorübergehende Unterkunft. Mary hatte mit den Kindern bei einer warmen Tasse Schokolade darüber gesprochen. Ein Tapetenwechsel würde Emma gut tun, ein

Neustart, hatte sie gesagt. Und hoffentlich helfen, es ganz zu vergessen. Es wurde ja höchste Zeit.
Werner hatte wohl auch ein Kind, keine Ahnung wie alt, es interessierte Emma nicht. Er wusste, dass es in Berlin auch Kommunikationswissenschaft als Studienfach gab. Und so hatte Emma mal wieder versucht, die Uni zu wechseln. Es klappte und Emma ließ alles geschehen. Werner hatte sogar Kontakt zu einem Dozenten, der ein Blockseminar in Allgemeine Berufsvorbereitung abhielt, irgendein Tenniskumpel von ihm. Diesen Schein brauchte sie noch und er verschaffte ihr dort einen Platz. Emma konnte er damit nicht beeindrucken, ihre Mutter schon. Ein Neustart würde nicht helfen, das ahnte Emma, aber ihrer Mom zuliebe, tat sie so, als glaubte sie dennoch daran. Emma hatte das Studium begonnen, um als Journalistin die Ungerechtigkeiten der Welt aufzudecken. Sie las viel und engagierte sich für die, die Hunger litten und nichts hatten. Es gab so viele Menschen, die täglich ums Überleben kämpften. Emma spendete jeden Monat ein wenig Geld für ein Dorf in Afrika, in Ghana. Damit die Kinder dort zur Schule gehen konnten, damit sie ein warmes Essen erhielten. Dass sie momentan nicht mehr tun konnte, als das bisschen Geld zu spenden und sich bei Petitionen zu engagieren, ärgerte Emma sehr. Aber sie fühlte

sich seit jenem Abend auch mental dazu nicht mehr in der Lage zu kämpfen. Weder für andere, noch für sich selbst.

Morgen sollte es in die Uni gehen. Allein bei dem Gedanken, wieder einen neuen Seminarraum betreten zu müssen, wieder auf neue Leute zu treffen, die sie anstarrten und tuschelten, zog es Emma den Magen zusammen. Auf die Größe eines kleinen, harten Kieselsteins.

Nervös saß sie nun neben ihrer Mom, die den Wagen mit einer Hand lässig lenkte. Mit der anderen suchte Mary einen Radiosender, der peppigere Musik spielen sollte. Moms Finger waren schlank, die Nägel lang und türkis lackiert.

»Mom, also dass dieser Werner dir einen Job an einer Strandbar besorgt hat, finde ich richtig gut.« Emma wollte nur etwas sagen, das klar machen sollte, dass sie sich auf ihr neues Leben einstimmte.

»Ich auch, Emmchen. Das wird alles schön, du wirst sehen.« Sie klang erleichtert, lächelte. »Ich habe ihn einfach gefragt, ob er was weiß, irgendeine Stelle als Kellnerin. Meinem Charme konnte er wohl einfach nicht widerstehen.«

Emma lächelte. Sie bewunderte ihre Mutter für ihre angeborene, charmante Art, von der sie sich so gerne eine Scheibe abschneiden würde. Sie dagegen fühlte sich in Gegenwart von Jungs immer steif und viel zu schüchtern. Sie hatte erst zwei kürzere

Beziehungen gehabt. Und beides mal hatten die Jungs mit ihr Schluss gemacht. Nicht sie mit ihnen. Sie hatten sich beide Male nicht richtig in Emma verliebt. Emma verletzte das sehr, aber seit jenem Ereignis spielte es keine Rolle mehr. Seitdem wusste sie, dass sie nie wieder einem Mann vertrauen, ihn lieben konnte. Nachts, wenn sie die Macht über ihre Gedanken verlor, träumte Emma immer noch sehr oft davon. Dann wachte sie schweißgebadet auf und lag mit pochendem Herzen im Dunkeln und lauschte. Jedes Knarzen, jedes Geräusch ließ sie zusammenzucken und so gewöhnte sie sich an, nur noch im Licht ihrer Lavalampe zu schlafen, das gab ihr Sicherheit. Und ihr dicker, roter Kater Bijoux, der ihnen als kleines, nasses Katzenbaby zugelaufen war, und den Emma über alles liebte. Seitdem durfte er endlich auf ihren Füßen schlafen. Bijoux, ihr flauschiges, lebendiges Früh-Warnsystem.

›Die widerliche Keimschleuder‹, wie ihre Mutter, die einen kleinen Putzfimmel hatte, ihn bisher immer liebevoll genannt hatte. Seitdem gestattete auch sie es ihm, in Emmas Bett zu kriechen.

»Ich hoffe mal, Bijoux fühlt sich wohl in Berlin.«

»Hauptsache er darf bei dir im Bett schlafen und wir sind alle zusammen.«

»Das stimmt, das ist die Hauptsache. Egal wo wir sind«, sagte Emma tapfer. »Und Werner ist bestimmt nett.«

»Das ist er.«

Emma sah, wie ihre Mutter wieder lächelte. »Weißt du, Emma, ich hatte jetzt wirklich lange keinen Freund mehr. Ich will einfach nicht alleine bleiben, im Alter, verstehst du? Und den Werner kenne ich ja von früher, für ihn leg ich meine Hand ins Feuer. Aber das Wichtigste ist, dass es euch beiden gut geht.«

»Im Alter, Mom. Du bist gerade mal 42.« Sie hatte Emma mit 19 bekommen und Anton, ihren Nachzügler, vor acht Jahren. Von noch so einem Griff ins Klo, wie sie oft zu Emma sagte.

»Ich weiß, aber find mal einen Mann mit Anfang 40, der dich mit einem achtjährigen Rabauken und einer erwachsenen Tochter nimmt. Ich will nicht allein sein. Emma, du bist bestimmt bald aus dem Haus und..«

»Ich bin nicht bald aus dem Haus«, unterbrach Emma sie aufgewühlt. Allein die Vorstellung jagte ihr Angst ein. Sie wusste, sie konnte ihrer Mutter nicht ewig auf der Pelle sitzen, aber sie fühlte sich nur bei ihr geborgen.

Emma drehte sich zu Anton um. So nervig der kleine Bruder oft sein konnte, so sehr liebte sie ihn.

»Du brauchst mich doch als Babysitter, Mom.« Es fühlte sich gut an, gebraucht zu werden. Es gab ihrem Leben einen Sinn.

»Das stimmt, Schatz. Wenn ich dich nicht hätte. Ist er nicht süß, wenn er schläft?«
»Oh ja. Guck, ein bisschen Sabber läuft ihm aus dem Mund.« Die Frauen lachten. Dann wurde Emma wieder ernst: »Wann sind wir da?«
»Was sagt das Navi?«
»Noch vierzehn Minuten.«
Vierzehn Minuten bis zum Beginn ihres neuen Lebens.

***

Schweigsam fuhren sie laut Navi am Müggelsee entlang, den Emma aufgrund der vielen Bäume kaum sehen konnte. Emmas Hände wurden feucht, ihr Magen flau. Ihre Mutter wollte zuerst ihre neue Arbeitsstelle besichtigen, danach zur Unterkunft, die in der Nähe lag. Anton schlief immer noch, inzwischen hatte sich ein Sabberfleck auf seinem Starwars-T-Shirt gebildet. Emma stellte das Radio aus. Sie brauchte Ruhe. Einzig das Schnurren von Bijoux und das schmatzende Kaugummikauen ihrer Mutter waren nun zu hören. Die Gegend sah einsam aus, so wie sich Emma tief in sich fühlte. Der frische Duft der Bäume wehte durch die geöffnete Fensterscheibe ins Auto und Emma sog ihn ein. Ihre Mutter entdeckte einen kleinen

Supermarkt und freute sich. »Das ist ja praktisch, dann kann ich auf dem Weg nach Hause immer schnell noch was für euch einkaufen.«

Emma lächelte bemüht. Sie wollte im Moment nur eins: Endlich ankommen, sich in ihr Zimmer, in ihr Bett verkriechen und sich die Decke über den Kopf ziehen. Aber ihre Mutter wollte unbedingt zuerst zu dieser Strandbar. »Du willst doch sicher auch erstmal an den See, oder? Also Anton bestimmt, wenn er gleich aufwacht.«

»Klar, Mom, ich auch.« Wieder lächelte sie, es strengte an.

Ihre Mom hielt kurz am Straßenrand an, kramte einen von Hand bekritzelten Zettel aus ihrer Glitzer-Handtasche und fluchte. »Mist, ich hab mir gar keine Adresse von dieser Bar aufgeschrieben. Nur den Namen«.

»Und was machen wir jetzt?«, seufzte Emma.

»Ach ... wir fragen einfach jemanden«, schlug ihre Mutter gut gelaunt vor.

Natürlich, dachte Emma, wenn man keine Scheu vor Menschen hatte, konnte man das tun.

Ihr Blick suchte die Straße ab, da kam auch bereits ein Inline-Skater den Fahrradweg entlang. Emmas Mutter fuhr den Wagen rechts ran und bremste etwas scharf neben ihm ab. »Entschuldigung«, rief Mom fröhlich durch die heruntergelassene Fensterscheibe. »Wo geht es denn zur

»Sundowner-Bar«?

Der Mann antwortete ruppig, wie es wohl die Berliner Art zu sein schien. Doch als Mom trotzdem ihr freundlichstes Lächeln aufsetzte, beschrieb er es ihr plötzlich netter.

Nach ein paar Minuten wies ein Schild auf die Bar, der Wagen holperte links auf einen kleinen Weg, der zur Surfschule führte. Anton, auf dem Rücksitz, schnorchelte im Schlaf und am liebsten hätte sich Emma jetzt auch schlafend gestellt. Es war ihr gerade alles zu viel. Da erblickte sie den See in seiner ganzen Größe. So viel Natur und das in Berlin. Es beeindruckte sie ein wenig, dass diese Stadt offenbar mehr zu bieten hatte, als sie bisher dachte. Anton wachte gerade auf und juchzte sofort gutgelaunt. »Ich will ins Wasser!«

»Ans Wasser kannst du mein Schatz, aber nicht reingehen, ja?«, mahnte ihre Mutter. »Es ist noch zu kalt, außerdem hast du das Seepferdchen erst neu.« Doch Anton sprang bereits aus dem Wagen. Er hatte später schwimmen gelernt, als andere Kinder, weil er sich erst den Mittelfinger gebrochen und dann eine Ohren-Röhrchen-OP hatte. Anton rannte bereits aufs Wasser zu, als müsse er ein Schiff entern.

»Nicht ins Wasser, hab ich gesagt! Nicht mit den neuen Sandalen!«, rief ihre Mutter ihm nach. »Komm Emmchen, Bijoux lassen wir kurz im

Auto.«

Emma sah seufzend ein, dass sie nicht sitzen bleiben konnte. Ihrer Mutter zuliebe stieg sie aus und ging mit ihr auf die Strandbar zu. Eine Bar aus dicken Bambusrohren und einem etwas zerzausten Reetdach. Sie befand sich nur ein paar Meter vom See entfernt. In bunten Sitzsäcken im Sand lümmelten ein paar junge Leute zu chilliger Musik. Es schien ein angesagter Szene-Treffpunkt zu sein.

»Guck mal, die roten, grünen und gelben Sitzsäcke. Ist es nicht hübsch hier?«, sprudelte Mom begeistert los. »In so einer netten Bar hab ich ja noch nie gejobbt.« Dabei hatte sie in ihrem Leben wirklich bereits in vielen Kneipen und Bars gekellnert. Als Emma klein war, hatte sie zwar eine kaufmännische Ausbildung in einer Essiggurken-Firma angefangen, doch mit Kleinkind Fulltime zu arbeiten, schaffte sie nicht. Emma wusste schon immer, dass sie selbst einmal mehr machen wollte aus ihrem Leben, als Kaffee und Bier zu servieren. Ob sie jemals als taffe Journalistin arbeiten würde, wusste sie allerdings im Moment nicht. Seitdem, seit jenem Abend, erschien es ihr fragwürdig. Sollte sie das Studium schmeißen und etwas anderes anfangen? War sie dafür nicht doch schon zu alt? Emma fühlte sich, was ihre Zukunft betraf, überfordert.

Sie blickte zu Anton, der sich wie ein junger Hund

vergnügt im Sand wälzte. Wenigstens einer, der sich noch wirklich freuen konnte, schoss es ihr durch den Kopf. Emma fühlte sich, als habe sie keinerlei Sinn mehr für Schönes, keinerlei Freude mehr übrig, für nichts. Sie fühlte sich wie in einer Glocke, in der kaum Gefühle entstehen konnten.

Ihr Blick blieb an einer Clique von drei jungen Männern und drei Frauen Mitte zwanzig hängen, die zusammen an der Bar standen und redeten. Irgendwie stachen sie heraus, da sie alle ziemlich gut aussahen und bunte, leuchtende Surfer-Klamotten trugen. Emma kleidete sich seitdem nur noch schwarz oder grau, auf jeden Fall unauffällig. Der Barkeeper, ein tätowierter, cooler Typ, reichte der Clique gerade Limos und Radler und sie stießen damit an. Da der Wind ihre Worte herübertrug, hörte Emma, dass sich die Mädchen über einen ihrer Dozenten ausließen und die Jungs sich über Surfboards unterhielten. Emma fühlte sich, als wäre sie unsichtbar. Als klebte sie wie Pech auf dem Boden fest. Ihr Herz hämmerte. Zu diesen Leuten würde sie niemals gehören. Und sie wollte es auch nicht. Eines der Mädchen hatte lange, natürlich blonde Haare und einen ebenmäßigen Teint. Sie sah hübsch aus, schien sich ihrer Ausstrahlung aber nicht bewusst zu sein, wirkte sehr ernst. Ein anderes Mädchen trug einen kastanienbraunen, modischen Bob, sah immer wieder einen sportlich gebauten, zwei Meter großen, Schwarzhaarigen an, der ziemlich verwegen wirkte. Doch er schien keinerlei Interesse an ihr zu haben. Ein anderer, ein schmächtiger, rothaariger, sommersprossiger Typ, beobachtete heimlich die blonde Hübsche, und Emma dachte bei sich: Wieso suchte man sich immer die Falschen aus? So wie ihre Mutter und sie all die Jahre zuvor.

Das dritte Mädchen, eine hübsche, aufgeweckte Dunkelhaarige mit langen Haaren, nahm plötzlich Notiz von Emma und ihrer Mutter. Nur weg hier, dachte Emma. Doch im gleichen Moment wurde ihr klar, dass es sich um die neue Arbeitsstelle ihrer Mutter handelte. Sie würde jetzt öfter hier sein.

»Komm Emmchen, wir fragen mal den Barkeeper, ob er der Chef ist«, unterbrach ihre Mom ihre Gedanken. Und schon schob sie Emma auf die Strandbar zu.

»Nenn mich hier bitte nicht Emmchen«, wisperte sie ihrer Mutter noch zu, ließ sich aber schieben. Denn sich zu wehren hätte noch lächerlicher ausgesehen. Gerade als sie an der Bar standen und ihre Mom charmant den Barkeeper befragte, ob er denn der Chef sei, hörte Emma eine männliche, angenehme Stimme in ihrem Rücken. »Hi, wie geht`s?«

Wer sprach sie da an? Sie drehte sich irritiert um. Ein großer Typ in ihrem Alter, mit kurzen, aschblonden Haaren und einem sympathischen Gesicht, stand hinter ihr und begrüßte die Surfer-Clique. Er trug einen nassen Wetsuit, unter dem sich sein sportlicher Oberkörper abzeichnete, wurde von allen freudig begrüßt. Natürlich hatte er nicht sie gemeint. Emma schalt sich innerlich selbst. Dabei starrte sie ihn von der Seite an und in dem Moment drehte er sich zu ihr um. Ihre Blicke trafen sich und Emma wollte eigentlich schnell wieder wegsehen, doch seine leuchtend blauen Augen sahen so traurig aus und das irritierte sie sehr. Ein Wassertropfen rann ihm über die Stirn, er wischte ihn weg und blickte sie an. Mit hochrotem Kopf sah Emma zu Boden.

»Und, Ben? Genug gesurft? Ganz schön kalt das Wasser heute, oder?«, fragte ihn der Rothaarige gerade.

»Für mich nicht«, erwiderte dieser Ben knapp und würdigte Emma keines Blickes mehr. Seltsamer Typ, dachte sie nur.

Ihre Mutter wandte sich freudestrahlend Emma zu. »Emm ... ich meine, Schatz, es hat alles geklappt. Morgen, an meinem ersten Tag, da wird der Chef da sein. Jetzt können wir erst mal in Ruhe ankommen und unsere Bude beziehen.«

Dankbar, dass sie entfliehen konnte, nickte Emma rasch, sah sich nach Anton um, der mittlerweile mit seinen neuen Sandalen im See stand. Natürlich.

Das war wieder so typisch für ihn. Emma rannte zu ihm, nur weg von diesen Leuten, die ihr so fremd waren, die ihr Angst einflößten. »Aaaanton! Raus da mit den Sandalen! Mensch, die waren doch ganz neu!«, rief sie.
Anton drehte sich verträumt um. Er hatte es nicht mit Absicht getan. Offensichtlich hatte er wirklich nicht daran gedacht. Emmas Ärger auf ihren kleinen Bruder verrauchte sofort. Sie bedeutete ihm gestisch, herauszukommen. Der Kleine sah noch einmal begeistert auf den See, drehte sich zu ihr um und flitzte in ihre Richtung. Emmas Blick schweifte kurz zu der Clique. Dieser Ben stand nun in sich gekehrt neben der hübschen Dunkelhaarigen, die auf ihn einredete, hörte ihr aber offensichtlich nicht zu. Das Mädchen hatte einen makellosen Körper, aber Bens Augen wanderten ... zu Anton. Verblüfft beobachtete Emma das. Dieser Ben starrte Anton düster an. Verwundert, mit gerunzelter Stirn, sah Emma hin. Wieso blickte dieser Typ den kleinen Anton so finster an?

2. Kapitel

›Die Bude‹, wie Mom sie nannte, konnte man tatsächlich nicht anders bezeichnen. Es handelte sich eher um ein Gartenhaus, eine Datsche, aus weiß angestrichenem Holz mit hellblauen Terrassenmöbeln aus Holz vor der Tür. Sie befand sich in der Nähe des Müggelsees und Emma spürte ihre Erleichterung, dass sie nicht mitten im lauten Berlin wohnen würden. Emma trug Bijoux im Körbchen aus dem Auto in den Garten und Anton folgte ihr. »Schau Anton, so hübsch blühende Blumen, die darfst du auf keinen Fall zertrampeln.« Es blühte lila, rosa, gelb und rot. Ein buntes, wildes Blumenbeet.
»Ich weiß. Boah, guck mal, sogar ne Hängematte.« Zwischen zwei alten Bäumen hing eine bunt gemusterte Hängematte aus Leinen. Und schon sprang Anton hinein und fing an, wild zu schaukeln.
Emma entdeckte eine alte Hundehütte im Garten links neben dem ihren. Dort stand ein sehr ähnliches Häuschen. Aber kein Hund weit und breit. »Hier gibt es doch hoffentlich nicht ernsthaft einen Hund, Mom?«, wandte sich Emma mit dem Katzenkorb in der Hand an ihre Mutter. Denn die Gärten trennte einzig eine kleine Buchsbaum-

Hecke.

»Nein, ach wo.« Doch Marys Stimme klang unsicher. Sie fischte den Schlüssel, der wie sie wusste, unter einem Geranientopf versteckt war, heraus und öffnete die knarzende Tür. Anton schaukelte immer wilder in der Hängematte, so dass sich die Bäume bogen.

Emma ging voraus in die Hütte und inspizierte sie. Innen drin gab es einen kleinen Vorraum, in dem sich eine alte, schrecklich gemusterte Couch und ein nicht dazupassender Sessel befanden. Ein Röhrenfernseher, eine kleine nussbraune Kommode und eine mini Kochecke mit Gasherd und Kühlschrank. Keine Spülmaschine weit und breit...

»Oh nein. Keine Spülmaschine.« Sie ging weiter und sah, dass es nur zwei Schlafzimmer gab. »Und ich hab kein eigenes Zimmer, Mom?«, entfuhr es Emma, als sie das »Kinderzimmer«, in dem ein Stockbett stand, inspizierte. Wie sehr hatte sie sich danach gesehnt, sich gleich zurückziehen zu können, Musik zu hören, endlich ihre Ruhe zu haben.« Stattdessen musste sie sich den Raum mit ihrem kleinen Bruder, seiner Playmobil Polizeistation und dem Playmobil Cowboyfort teilen. Das gab es in ihren vorherigen Domizilen bisher nicht.

»Tut mir wirklich leid Schatz, im Internet sah es

irgendwie größer aus.« Ihre Mom klang ehrlich schlechtgewissig. »Und dass es nur zwei Schlafzimmer sind, hab ich irgendwie überlesen. Die Bilder vom Garten sahen so schön aus.«

Liebe machte offensichtlich wirklich blind, dachte sich Emma seufzend. Bei solchen Dingen war ihre Mutter oft ein wenig huschig. Mom hatte sich durch die Bilder vom Garten, der tatsächlich wunderhübsch blühte, einwickeln lassen. Hätte sich Emma doch nur dafür interessiert. Aber als ihre Mutter fragte, ob sie das kleine Häuschen, das Werner ihnen vorübergehend besorgen könnte, einmal im Internet ansehen wolle, hatte Emma abgewunken.

»Ihr habt euch doch immer so einen Garten gewünscht.«

»Ich weiß, Mom, schon gut.« Wieder einmal, wie schon so oft, kam es Emma vor, als wäre sie die Mutter und nicht das Kind. »Der Garten ist ja auch wirklich wunderschön. Und sogar mit Hängematte«, fügte sie noch tapfer hinzu. »Guck dich nur um, Bijoux, du magst raus, stimmt`s?« Emma wandte sich dem Kater zu, der dringend aus dem Körbchen musste. Sie hatte ihm im Auto genügend Futter und Wasser gegeben und an den Raststätten auf einer Wiese laufen lassen, aber jetzt reichte es da drin. Hoffentlich lief er nicht gleich wieder weg. Auch ihm fiel es immer unendlich schwer, sich an neue Umgebungen und Menschen zu gewöhnen. Vielleicht fühlte sie sich deshalb dem Tier so nahe. Gerade als sie das Türchen öffnete und Bijoux die neue Umgebung auf sanften Pfoten zu untersuchen begann, hörte man von draußen ein lautes Bellen.

Zack, schoss Bijoux in Panik durchs offene Fenster und weg war er. »Scheiße, Mann, Bijoux, komm zurück!«, rief Emma erschrocken und sah dem verwirrten Kater, der sich auf einen Baum rettete, durchs Fenster hinterher. Dann rannte sie hinaus, um den Hund, der hier offensichtlich doch wohnte, zu verscheuchen.

Ein Golden Retriever stand vor seiner Hundehütte und kläffte Anton an. Der saß verängstigt in der Hängematte und zog seine Beine hoch.

»Beißt der?«, fragte er leise.

»Woher soll ich das wissen?«. Auch Emma hielt sich zurück.

»Bestimmt nicht«, sagte ihre Mutter, die, wie es ihre Art war, einfach lächelnd auf ihn zuging. »Na, du hübscher Hund, wie heißt du denn?«

»Wetten er antwortet dir nicht?«, stellte Emma trocken fest.

Anton kicherte.

»Das werden wir ja mal sehen. Wo ist denn dein Herrchen?«

Schlagartig begann Emmas Herz zu pochen, ihr

Kopf dröhnte. Natürlich musste er ein Herrchen haben. Sie hatte irgendwie gehofft, dass nebenan keiner wohnte. Ängstlich sah sie sich um.

Ihre Mom, die wohl spürte, wie schlecht es Emma ging, wandte sich liebevoll an sie. »So ein Wachhund ist doch vielleicht gar nicht so schlecht für dich, Emma.«

»Er vertreibt aber Bijoux«, erwiderte Emma aufgewühlt. Was nutzte ihr ein Wachhund. Auch er konnte die vielen Gedanken in ihrem Kopf nicht vertreiben. Keiner konnte das.

Emma rannte in den hinteren Garten und registrierte erst jetzt, wie groß er war. Himbeerbüsche standen da in ihrer vollen Beeren-Pracht, reife Brombeerbüsche und hübsche Blumen. Irgendwer schien hier einen grünen Daumen zu haben. Der Garten sah liebevoll angelegt aus. »Bijoux«, rief Emma verzweifelt. Denn auf dem Baum saß der Kater nicht mehr. »Bijoux! Wo bist du?«

Ihre Mutter und Anton halfen zu suchen, doch von Bijoux war weit und breit nichts zu sehen. Nach einer halben Stunde, in der sie die nähere Umgebung durchforstet hatten, gaben sie notgedrungen auf.

Emma war den Tränen nahe. »Was, wenn wir ihn nie wieder sehen? Wie soll er denn auch zurückfinden, er kennt sich doch hier überhaupt nicht aus?« Ihre Mutter nahm sie tröstend in den Arm. »Den finden wir schon wieder. Wir hängen Zettel aus und irgendwem wird der Kater schon auffallen. Und vielleicht kommt er ja auch von alleine zurück, wenn er Hunger kriegt.«

»Aber doch nicht, solange dieses Monster da draußen steht und kläfft.«

Ihre Mutter atmete durch. »Emmchen, ich meine Emma, ich muss dir noch was sagen.«

»Was denn?« Emma sah es in ihren Augen, dass es keine gute Nachricht sein konnte. Nicht für sie.

Und tatsächlich wand sich Mary ein wenig, wie sie es selten tat. Normalerweise plapperte sie alles frisch und frei von der Leber weg, wie sie immer zu sagen pflegte. »Also es ist so. Du siehst doch das große Haus da rechts nebenan, oder?«

»Ja klar, was ist damit?« Auf der rechten Seite stand ein Wohnhaus. Links von ihnen, wo die Hundehütte stand, das andere Gartenhäuschen, wie ihres.

»Also da rechts, da wohnt... Also da wohnt der Werner.«

Fassungslos starrte Emma sie an. Das hatte sie nicht getan?!

»Wie bitte?! Du kennst den Typen doch kaum!«

»Schatz, ich kenne ihn von früher und da war es der liebste Junge von allen und ich habe ein supergutes Gefühl.«

»Ich aber nicht!« Emmas Atem ging stoßweise. Sie bekam kaum noch Luft. »Damals war er ein Junge. Jetzt ist er ein Mann. Wie konntest du nur?«

»Emma, ich bin extra nicht bei ihm eingezogen, obwohl er mich darum gebeten hat. Aber ich hab nein gesagt, das kann ich meiner Emma nicht antun.«

»Du hast es ihm erzählt?!« Aus Emmas Kehle kam nur noch ein Krächzen. Ihre Beine versagten ihren Dienst. Wie unendlich peinlich.

»Nein, psschh, hab ich natürlich nicht. Ich hab gesagt, ich brauch meinen Freiraum und so lange kennen wir uns ja auch noch nicht.«

»Deinen Freiraum. In dieser engen Bude, direkt nebenan. Das hat er dir abgenommen?«

Ihre Mutter schien sichtlich den Tränen nahe. »Wie gesagt, ich hab das wirklich übersehen, dass da nur zwei Schlafzimmer sind. Das tut mir wirklich leid, alles, bitte glaub mir doch.«

»Das tu ich ja. Es ist nur ...« Emmas Magen schmerzte. Ihr Herz pochte immer noch, als wolle es davonlaufen, wie ihr Kater. Aber es wusste nicht wohin. Die beiden nahmen sich in den Arm. Dann löste ihre Mutter sich wieder. »Also, Schatz. Ich ruf jetzt den Werner an. Der ist nämlich noch auf Arbeit. Er soll dem Nachbarn sagen, dass der den Hund hier wegnehmen muss. Sonst kommt Bijoux ja nie zurück. Okay?.«

Emma nickte. Ihr wurde schwindelig und sie konnte nur noch hauchen »Mach das.«

Während ihre Mutter versuchte, Werner zu erreichen, ging Emma mit hängenden Schultern zu Anton. Der stand inzwischen bei den Himbeeren und naschte die reifen, roten Früchte.

»Die schmecken fast so gut wie die Hubbabubba-Kaugummis mit Himbeergeschmack, weißt schon, oder?«, hörte sie ihn sagen, wie durch einen Dunstvorhang.

»Wirklich?«

Sie musste funktionieren, für Anton, für Bijoux, für Mom. Es ging nicht anders, sie musste diese Angst vor Menschen irgendwie loswerden. Auch wenn es unmöglich schien.

***

Ben wollte für heute aufhören mit dem Surfen. Aber dann hatte er den kleinen Jungen an der Strandbar gesehen, mit diesem seltsamen, grau in grau angezogenen Mädchen, diesem Freak. Seine Schläfen pochten, es zog ihn erneut aufs Wasser, er musste sich spüren. Der kleine Junge hatte etwas in ihm ausgelöst. Er hatte ihn an sich erinnert. An damals. Er musste ungefähr im gleichen Alter gewesen sein. Verbissen schleppte er sein Board mitsamt Segel ins Wasser.

Wieso tat es immer noch so unsagbar weh? So viele Jahre danach? Das war doch lächerlich. Aber Ben merkte, dass er sich nicht dagegen wehren konnte, der Schmerz saß einfach zu tief.

Er ging immer tiefer hinein, zog sich aufs Board, hievte das Segel hoch und spürte den Wind in seinem Gesicht. Da kam eine kräftige Windböe, schmiss ihn um, er strauchelte und fiel ins Wasser. Hustend und prustend tauchte er nach ein paar Sekunden wieder auf, sah sich sofort um, ob ihn am Strand einer von seinen Leuten gesehen hatte. Zum Glück konnte er keinen aus der Clique erspähen. Was hätten sie gelacht über ihn. Vor allem Rob. Und bestimmt auch die Mädchen. Schließlich hatte er den Surf-Wettbewerb im letzten Jahr gewonnen. Keiner kam an ihn ran, keiner.

Die Sonne ging bereits unter, färbte sich orangerot ein. Ben schmeckte das algige Wasser in seinem Mund und spuckte es aus. Verdammt. Dieser kleine Junge, was hatte er mit ihm gemacht? So gut hatte er es all die Jahre verdrängt.

Ben packte sein Board mürrisch zusammen, zog seinen nassen Wetsuit aus und seine buntgemusterte Shorts an.

Dann stapfte er aufgewühlt los. Seine Schläfen pochten.

»Dad, bist du da?« Was für eine unsinnige Frage. Sein Dad arbeitete immer lange, seit damals. Ben musste früh alleine klarkommen, am Anfang fiel es ihm unsagbar schwer, aber er hatte es geschafft. Er ging nicht unter, hatte es gemeistert, allein zu sein.

Ein Blick in Dads Kühlschrank. Natürlich fast leer. Sein Vater aß in der Kantine und hatte sich auch früher nie die Frage gestellt, was sein Sohn essen könnte. Anfangs hatten sich die Nachbarn um den kleinen Ben gekümmert, aber dann wurde Ben das zu lästig. Immer diese alten, nach Parfüm stinkenden Frauen, die darin wetteiferten, dem Jungen das in ihren Augen beste Essen zu kochen. Es gab Eintöpfe, Klöße und Spinat. Nichts, was Ben als Kind schmeckte. Er schaffte es, seinen Vater zu überreden, dass er ihn selbst einkaufen ließ. Ab da gab es Fertigpizza, Tiefkühllasagne, Tiefkühlkartoffelpuffer und sehr viele Chips. Tonnen an Chips. Irgendwann aber merkte Ben selbst, dass ihm der Fraß nicht bekam und seine Hüften Speck ansetzten. Die Mädchen in der Schule fingen an, zu tuscheln, dass er zugelegt hatte und damit war das Maß voll. Ben kam selbst zu der Einsicht, er musste so ungefähr 17 gewesen sein, also vor acht Jahren, dass er sich besser ernähren musste. Auch als Sportler, der erfolgreich sein, der gewinnen wollte, immer. Sein Ehrgeiz kannte keine Grenzen. Im Internet suchte er sich Rezepte heraus, die man einfach und schnell kochen konnte und die auch gesund sein sollten. Sein Körper dankte es ihm. Schnell verschwand der Speckgürtel um seine Hüfte wieder und sein Körper sah immer besser und gesünder aus.

Ben wünschte es sich insgeheim von seinem Vater trotzdem immer noch, dass er wenigstens ein paar Mal an seinen Sohn dachte. Dass er seinen Kühlschrank für ihn füllte, ganz von allein. Denn in seiner Datsche nebenan gab es weder Kühlschrank noch Spülmaschine und so hatte Ben einfach Dad's verwaisten Kühlschrank okkupiert.

Ein Joghurt, ein Apfel und eine Banane zusammen mit ein paar Haferflocken ergaben ein gutes und sättigendes Müsli. Auch wenn ihm der Sinn gerade eher nach etwas Warmem stand. Seine Gedanken schweiften zur Strandbar, zu diesem Jungen. Und dessen seltsamen Schwester, die ihn so angestarrt hatte. Sie sah so anders aus als die Mädchen, die er kannte. Weder braungebrannt von der Sonne, noch irgendwie lässig angezogen. Im Gegenteil. Es schien ihr egal zu sein, wie sie herumlief. Als machte sie sich absichtlich unattraktiv. Dem Gespräch ihrer Mutter mit Carlo, dem Barkeeper, hatte er entnommen, dass es sich nicht um Touristen handelte. Dass sie hier von jetzt ab wohnen wollten. Ben zog mit seinem Vater damals hierher, weil seine Tante hier lebte. Er liebte den See sofort, das

Surfen und die Natur. Aber er liebte auch Berlin. Mit seiner Clique streifte er oft durch angesagte Bars oder Clubs, ließ sich volldröhnen von der Musik. Keine Drogen. Die Jungs respektierten und die Mädchen bewunderten ihn. Allein schon durch seine Siege beim Surfen. Ben hatte schon viele Surfparadiese bereist, meist jedoch allein. Sein Vater, der als Anwalt viel arbeitete, und viel verdiente, spendierte ihm diese Reisen und versuchte so, sein schlechtes Gewissen ein wenig zu beruhigen. Falls er denn überhaupt ein Gewissen hatte. Bens Kumpels hatten kein Geld und so musste er allein die halbe Welt bereisen. Südafrika, entlang der Garden Route, Australien, vor allem gefiel ihm Byron Bay, die Küste von Kalifornien und und und. Auch dass er so viel in der Welt herumgekommen war, machte ihn bei den Mädchen interessant. Ben hatte schon öfter kurz eine Freundin gehabt, aber empfunden hatte er für diese Mädchen nicht viel. So konnte er auch nicht verletzt werden, sagte er sich und redete sich diesen Zustand schön. Seit längerem verspürte er keine Lust mehr auf Abenteuer, sie langweilten ihn. So musste er niemandem Rechenschaft ablegen, niemandem erklären, warum er so selten kuscheln wollte und warum er mehrere Abende in der Woche für sich brauchte. Mädchen kletteten ihm zu viel.
Er genoss es, von der blonden Carolin, genannt

Caro, aus seiner Clique, die oft modische Klamotten trug, und von Hannah, mit ihren langen, schwarzen Haaren, in Ruhe gelassen zu werden. Die etwas angespannte Kim mit ihrem Bob-Schnitt himmelte ihn an. Aber sie gefiel ihm von der Art her nicht, sie gehörte einfach dazu. Die drei Mädchen der Clique konnten unterschiedlicher nicht sein. Die blonde Caro war schlagfertig, etwas chaotisch, sehr warmherzig. Sie wirkte seit ein paar Monaten aber auch immer wieder verdammt traurig, Ben wusste aber nicht warum. Die dunkelhaarige Hannah schien in ihrer eigenen Welt zu leben. Sie war oft verträumt, sehr sensibel und extrem klug. Sie las viel, gerne von Feen und Zauberern, und träumte sich weg in diese phantastische Welt. Aus Kim mit ihrem Bob-Schnitt wurde Ben nicht so recht schlau. Sie war nicht ganz so hübsch wie die beiden anderen und die Uni fiel ihr schwer. Darum wirkte sie oft neidisch und eifersüchtig und Ben traute ihr auch die ein oder andere Intrige zu. Vermutlich war aber auch sie nur irgendwann zutiefst verletzt worden, wie er.

Die beiden Jungs, Rob und Danny, waren gute Kumpel. Viel mehr ließ Ben seit damals nicht mehr zu. Nie wieder würde er jemanden in sein Herz lassen, das hatte er sich als kleiner Junge fest geschworen. Rob war unkompliziert, ein Quatschkopf. Danny ein cooler Mädchenschwarm.

Ben hatte die Leute aus der Clique alle bei einem Surfkurs kennengelernt. Er spürte schnell, dass auch sie ein jeder ein Päckchen mit sich herumschleppten. Was sie alle erlebt hatten, darüber sprachen sie nie. Aber es fühlte sich gut an, mit seinen seelischen Qualen nicht ganz alleine zu sein. Es schweißte zusammen.
Ein Blick auf die Uhr. Ben aß sein Müsli schnell zu Ende. Er musste sich beeilen, denn Sheila wartete auf ihn. Rasch räumte er seine Müslischale und das Besteck in die Spülmaschine. Denn er musste seinen Dreck immer sofort wegräumen, das hatte er sich angewöhnt.

Als er aus der Tür trat, bemerkte er, dass nebenan neue Touristen eingezogen zu sein schienen. Die Schwester seines Dads, seine Tante Luisa, die in Köpenick wohnte, vermietete das alte Gartenhaus ab und zu an Fremde. Ben hasste das, aber da das Grundstück Tante Luisa gehörte, sie hatte es von den Großeltern geerbt, konnten er und sein Dad sich nicht beschweren.
Sheila rannte hechelnd und mit dem Schwanz wedelnd auf ihn zu. Ben bückte sich lächelnd, knuddelte sie am Hals und warf sie spielerisch zu Boden. Die Golden Retriever Hündin war sein Ein und Alles, bei ihr ließ er Gefühle zu.
»Na hübsches Mädchen, alles klar? Hast du mich

vermisst? Jaaa, ich dich auch.«
Sheila leckte ihm aufgeregt über die Wange.
Ben lachte. »Nicht, wie oft soll ich dir das denn noch sagen, du unerzogene Dame. Du hast Mundgeruch.«

***

Emma kicherte, denn Anton machte auf dem Stockbett gerade Faxen. Er ließ sich kopfüber herunterhängen, so dass seine Haare aussahen, als habe er in eine Steckdose gegriffen. Aber das Lachen blieb ihr im Halse stecken. War das im Garten da nicht der Typ aus der Strandbar? Der, der sie und Anton so seltsam düster angeschaut hatte? Natürlich, kein anderer. Was machte er hier, mit dem Hund? Erschrocken beobachtete sie, wie er äußerst liebevoll und sehr zärtlich den Hund streichelte, den Hund, der Bijoux vertrieben hatte. Schlagartig zog es ihr die Kehle zusammen. Das konnte doch nicht wahr sein? Was machte dieser arrogante Typ in ihrem Nachbarsgarten? Bitte nicht. Gleichzeitig dämmerte es ihr, dass man in der Gegend vermutlich allen, die man auf keinen Fall jemals wieder sehen wollte, ständig über den Weg lief. Wie in ihrem Dorf. Ihr Herz schlug wild und am liebsten hätte sie sich in Luft aufgelöst. Sie schloss die Augen, hielt die Luft an, aber es funktionierte nicht. Stattdessen stand sie da und konnte jeden Augenblick von ihm gesehen werden. Jede Bewegung von ihr würde seine Aufmerksamkeit auf sich ziehen, und deshalb blieb sie stockstteif stehen und konnte nicht anders, sie starrte ihn an.

»Emma, guck mal, ich mach jetzt einen Salto«, hörte sie Antons Stimme dumpf. Noch ehe sie widersprechen konnte, ließ er sich unsanft kopfüber hinuntergleiten. Es machte einen ordentlichen Rumms und Anton schrie laut auf. »Aua, Kacke ey!«

Ben im Garten sah verwundert auf. Genau in Emmas Augen. Wie von einer Nadel in den Hintern getroffen, zuckte sie zusammen und duckte sich. Verdammter Mist, hoffentlich hatte er sie nicht erkannt. Anton sah seine große Schwester, die nun klein in der Hocke neben ihm auf dem Boden saß, verwundert grinsend an. »Was machst du denn da?«, gackerte er los. »Legst du jetzt ein Ei? Gag, gag, gag, gag, gag.«

»Pscht, sei still.«

»Was ist denn?« Neugierig sah Anton sich um, flüsterte jetzt auch.

»Da draußen ist einer. Ich meine...« Wie sollte sie das nur erklären, ohne ihm Angst zu machen.

»Ein Räuber?«, wollte Anton wissen.

»Nein, natürlich nicht. Ein Mann.«

»Ja und? Wieso versteckst du dich vor ihm?«

»Weil... weil, ach, das verstehst du nicht.«

Enttäuscht zog Anton eine Schnute. »Das sagen die Erwachsenen immer, aber du doch nicht zu mir, Emma.«

Es stimmte. Sie hatten sich immer die Wahrheit gesagt. Anton sollte nicht lernen zu lügen und darum galt es in ihrer kleinen Familie als wichtige Regel, niemals zu lügen. Nicht einmal flunkern erlaubte ihre Mutter. Nicht einmal beim Kartenspielen.

»Was ist jetzt mit dem Mann? Wo bleibt denn eigentlich Mama?«

»Die wollte schnell was einkaufen gehen. Milch und Brot und so.« Emma fühlte sich nun wirklich in Erklärungsnot. Es war nichts mit dem Mann, sondern mit ihr. Ihr Herz raste, aber sie konnte es selbst nicht erklären, warum sie so eine Angst vor ihm hatte. Oder was auch immer er in ihr auslöste. Er hatte ihr nichts getan und so nett wie er mit dem Hund spielte, schien er auch nicht grundböse zu sein. Aber wer wusste das schon? Sie, die sich nicht mehr auf ihr Bauchgefühl verlassen konnte, nicht. Sicherheitshalber hielt sie Distanz zu allen Fremden, seitdem. Aber wieso ausgerechnet dieser Ben derart seltsame Reaktionen in ihr auslöste, konnte sie sich nicht erklären. War es sein Blick,

der sich anfühlte, als könne er in ihre Seele schauen? Irgendetwas fühlte sich seltsam an, aber wie sollte sie das einem Achtjährigen vermitteln, wenn sie es selbst doch nicht benennen konnte. Ihre Hände fühlten sich schweißnass an. Sie wischte sie an ihrer Hose ab. Anton stand auf und lugte neugierig aus dem Fenster. Emmas Herz machte einen Satz. »Nicht, duck dich!«
»Da ist aber keiner.«
»Da ist keiner?«
»Bist du schwerhörig?«
»Vielleicht.«
»Komm, wir schleichen ihm hinterher.«
»Auf keinen Fall!«
»Wieso denn nicht. Das ist ein Fall. Für die drei Fragezeichen, Emma, Anton und Bijoux, der Kater.
»Hast du Bijoux gesehen?« Emmas Stimme klang hoffnungsvoll.
»Nö, leider nicht.«
Sie hatten vorhin die ganze Zeit nach dem Kater gesucht, aber jetzt sollten sie in der Hütte auf Mom warten. Diese hatte versprochen, auf dem Weg zum Supermarkt, nach ihm Ausschau zu halten. Aber sie hatte ihnen nicht erlaubt, ihren Radius um die Hütte zu erweitern. »Ihr bleibt zuhause, Bijoux wird ganz sicher wieder auftauchen. Und dann musst du da sein, Emma.« Als sie Emmas todtraurigen Blick sah, nahm sie ihre Tochter

erneut in die Arme. »Ich weiß, er ist dein bester Freund, Emma. Er liebt dich abgöttisch, deshalb kommt er auf jeden Fall wieder zu dir zurück.«

Emma hoffte es so sehr. Obwohl er bei den vorherigen Umzügen auch immer seine Anpassungsschwierigkeiten hatte, genau wie sie. Emma versuchte, die Füße stillzuhalten. Zumindest so lange, bis ihre Mutter vom Einkaufen zurück sein würde. Dann wollte sie noch einmal losgehen, aber besser ohne Anton. Denn es wurde bereits dunkel und Bijoux hatte ganz bestimmt Angst da draußen. Fürchterliche Angst, die sie so gut nachempfinden konnte.

Anton verließ seinen Posten am Fenster. »Also wenn ich nicht Detektiv spielen darf, geh ich Fußballspielen im Garten.«

»Muss das jetzt sein?« Er würde Ben begegnen.

Doch Anton nickte nur und flitzte nach draußen.

Emma wagte einen Blick, aber dieser Ben schien bereits mit dem Hund verschwunden.

Emma ließ sich seufzend auf ihr Bett nieder. Sie hatte das untere Bett des Stockbettes bezogen, legte sich auf den Rücken und starrte nach oben. Endlich alleine. Sie sah die Verstrebungen über sich an. Eisenverstrebungen, durch die die alte Matratze quoll, von der in der Nacht ganz sicher Staubkrümel herunterfallen würden. Milben. Genau in ihr Gesicht. Bei jeder Umdrehung von

Anton. Emma fühlte sich erbärmlich. Mit 23 lag sie in einer modrigen Datsche in einem Stockbett zusammen mit ihrem kleinen Bruder, musste in eine Stadt ziehen, die sie jetzt schon nicht mochte, ihr geliebter Bijoux war weg und nun musste dieser seltsame Typ auch noch ihr Nachbar sein. Rechts von ihrer Hütte wohnte Werner, links dieser Ben mit seinem Hund, den Bijoux hasste. Ein echter Albtraum.

Emma steigerte sich in ihre Wut über ihr derzeitiges Leben so dermaßen hinein, bis sie zu dem Schluss kam, dass sie diesen Ben und seinen Hund aus tiefstem Herzen hasste.

Sie zählte die Minuten. Hoffentlich hatte ihre Mom den Supermarkt wiedergefunden. Ihr Orientierungssinn glich nämlich dem einer Walnuss, die sich im Kreise drehte. Wo blieb überhaupt dieser Werner, der ihnen die ganze Suppe hier eingebrockt hatte? Wieso arbeitete der ausgerechnet heute so lange? Hätte er sie nicht etwas netter empfangen können? Mit einem gefüllten Kühlschrank zum Beispiel? Ihre Mom tat Emma leid. Sie wünschte sich für sie so sehr einen Mann, der sie endlich mal wie eine Prinzessin behandelte. Aber dieser Werner schien wieder keiner zu sein. Wenn er schon den Kühlschrank nicht auffüllte, dann hätte er doch ein paar Blümchen hinstellen können. Ein paar

Wiesenblumen in einem leeren Marmeladenglas hätten es getan. Oder eine billige Schokoladentafel für die Kinder der so heiß Ersehnten. Oder irgendetwas. Eine Minigeste, die ihnen sagte, ja wir haben das Richtige getan. Wir haben unser komplettes Leben aufgegeben, um in diese riesige Stadt Berlin zu kommen. Irgendwas. Emma hasste plötzlich alles hier. Und diesen Werner jetzt auch. Sie konnte sich nicht vorstellen, wie er das jemals wieder gut machen könnte. Keine Ausrede dieser Welt würde reichen, um diesen miesen Einstieg wieder vergessen zu machen. Mom stand bestimmt gerade weinend vor der Käsetheke und fühlte sich wie alter, stinkiger Gouda. Emmas Bauch verknotete sich. Dabei war ihre Mom so eine tolle, hübsche Frau. Nur weil sie keinen angesehenen Beruf hatte, der Kinder wegen, und weil sie von beiden Vätern verlassen worden war, sich alleine durchkämpfen musste, interessierte sich kein netter Mann für sie. Nur Arschlöcher, nur Idioten.

»Emma, darf ich dir Werner vorstellen?«, hörte sie plötzlich die fröhliche Stimme ihrer Mutter aus dem Vorraum. Die Diele knarrte.

Erschrocken setzte sich Emma auf, knallte dabei mit dem Kopf unsanft an die Eisenstangen des Bettes über sich. Autsch. Sie hatte nicht bedacht, dass sich das Stockbett über ihr so niedrig befand.

»Emma, kommst du mal? Hier ist Werner. Und

noch wer.«

Emma rieb sich mürrisch den Kopf, stand auf und ging in den Vorraum. Dort stand ein großer, braunhaariger Mann mit einer etwas knubbeligen Nase, auf der eine Brille saß, lächelte sie freundlich an und hielt ... Bijoux im Arm. Zutiefst erleichtert stürzte Emma auf ihn zu und riss ihm ihren geliebten Kater aus dem Arm.

»Nicht so stürmisch junge Frau.« Werner lachte.

»Stell dir vor, Werner hat ihn vom Dach des Supermarkts heruntergeholt. Unter Einsatz seines Lebens.«

Emma sah ihre Mutter skeptisch an. Unter Einsatz seines Lebens. Ganz bestimmt. »Aha«, sagte sie nur.

»Aha? Sag mal, Emma, da sagt man danke.«

»Danke«, nuschelte Emma.

»Was hast du denn?«, wollte ihre Mutter wissen. Dann wandte sie sich entschuldigend an Werner. »Sonst ist sie nicht so.«

»Wie bin ich denn?«, fauchte Emma.

Ihre Mutter zuckte etwas zusammen. »Na so.«

»Schon gut, Mary, ihr seid bestimmt alle müde von der langen Reise, ich verstehe das schon.«

Ein Allesversteher, auch das noch, dachte Emma und kraulte ihren Bijoux, der jetzt wohlig schnurrte.

»Werner hat gedacht, wir kommen morgen.

Beziehungsweise, es ist meine Schuld, ich hab ihm das falsche Datum geschrieben. Du weißt ja, dass ich bei sowas manchmal ein bisschen schusselig bin.«

Werner lächelte sie verliebt an, wandte sich dann an Emma. »Sonst hätte ich doch ein paar Blumen besorgt und Leckereien in den Kühlschrank gepackt. Und vor allem nicht so lange gearbeitet.«

Emma schluckte. Hatte sie ihm etwa unrecht getan? Sie entschied sich dafür, skeptisch zu bleiben. Nach allem, was geschehen war. Nur weil er lächelte, das sagte noch gar nichts über seinen wahren Charakter. Ob er der Richtige für ihre Mom war, ob sie es in seiner Nähe aushalten konnte.

»Wollt ihr gleich alle zu mir zum Essen rüberkommen? Ich bestelle ein paar Pizzen, das mögt ihr doch bestimmt, oder?«

»Juhu, Pizza«, hörte sie Anton quietschen.

Woher wollte er wissen, was sie mochte, dachte Emma grimmig. »Geht so«, antwortete sie also. »Mir wär lieber, wenn wir heute Abend alleine bleiben. Also nur unsere Familie, wir drei. Normales Abendbrot reicht mir.«

Hatte sie das wirklich gesagt? Ihre Mutter sah sie etwas blass an. Werner nahm Moms Hand, drückte sie mit verständiger Miene. »Lass gut sein. Vielleicht hat sie Recht. Stulle ist auch okay, wenn ihr mögt. Kommt erstmal an. Unser Kennenlernen verschieben wir auf morgen Abend. Da werdet ihr dann auch richtig bekocht, dafür werde ich sorgen.«

»Aber...«, wandte ihre Mutter zaghaft ein.

»Nichts aber«, schüttelte Werner nett den Kopf und küsste sie zärtlich auf den Mund. Emma sah schnell weg. Es war einfach zu viel.

»Bis morgen, mein Schatz.« Zu Emma und Anton gewandt fügte er hinzu: »Ich freue mich sehr, dass ihr da seid und ich bin sicher, wir kriegen das hin.«

Mom lächelte jetzt auch wieder. »Hoffentlich. Ich freue mich auch, da zu sein.«

Werner winkte Emma und Anton nochmal nett zu. »Also dann, schlaft gut und träumt was Schönes. Ihr wisst schon, in der ersten Nacht... »

»Was soll da sein?«, wollte Anton wissen.

»Das, was du in der ersten Nacht im neuen Zuhause träumst, wird sich erfüllen«, antwortete ihm Mom lieb.

Emma erschauerte. Denn wie fast jede Nacht würde sie sicher auch heute wieder davon träumen. Es durfte nicht nochmal passieren. Auf keinen Fall.

Werner ging und ließ sie alleine, wie es Emma gefordert hatte. Peinlich berührt blickte sie zu ihrer Mutter. Die tat so, als sei alles normal und überspielte bemüht fröhlich. »So, dann wisst ihr jetzt, wie Werner aussieht. Und, Anton, was sagst du?«

»Sieht lustig aus.«

»Lustig?«

»Die Brille auf der knubbeligen Nase.«

Emma musste unwillkürlich in sich hineingrinsen. Kinder sagten einfach immer, was sie dachten. Ihre Mutter nahm es gelassen. »Er ist vielleicht nicht der Allerhübscheste von allen Männern auf der Welt, aber mit denen hat man immer nur Scherereien.« Erst jetzt merkte sie, was sie gesagt hatte, blickte Emma entschuldigend an. Die tat so, als habe sie es nicht kapiert. Schließlich hatte sie den Abend schon genug ruiniert. Es tat ihr bereits leid, aber die Pizzaeinladung jetzt wieder einfordern zu wollen, wäre noch alberner gewesen als ihr Auftritt gerade eben.

»Also, dann gibt es heute Stulle mit Brot«, lächelte Mom. Anton wunderte sich. »Stulle ist doch Brot?«

»Das ist ja der Witz. Und als Nachtisch Schokolade.«

Antons Augen leuchteten. »Lieblingsschoki?«

»Natürlich, Süßer. Für jeden seine Lieblingsschoki. Hab ich alles eingepackt.«

Es war ein kleines Familienritual, dass jeder an besonderen Tagen seine Lieblingsschokolade von Aldi bekam. Emma liebte die Kinderriegelähnliche mit den Knusperstückchen drin, die beim drauf beißen so schön knisterte, Anton die Duplo-ähnliche und Mom mochte am liebsten Moser

Roth. Und heute war so ein besonderer Tag. Der Tag, an dem sich Emma besonders dämlich angestellt hatte. Der Tag, an dem Emma ihr Verhältnis zu Werner, ihrem Vielleicht-bald-Stiefvater versaut hatte. Man konnte nicht alles rückgängig machen. Das hatte Emma bereits schmerzlich erfahren müssen. Genau, verteidigte sie sich. Mom würde es verstehen, so hoffte sie, warum sie sich gerade eben so verhalten hatte. Schließlich wusste sie, wie sehr Emma das Erlebte noch verfolgte.

Ihre Mutter kramte die Tasche mit den Schokoladenvorräten aus dem Auto und zum Glück war noch nichts geschmolzen.

Dann bereitete sie zuerst einmal das Abendbrot zu. Butter, Wurst und Käse hatte sie gerade eingekauft und so saßen die Drei an ihrem ersten Abend vereint auf der kleinen Terrasse vor der Hütte auf den hölzernen, hellblauen Gartenstühlen. Emma hielt Bijoux auf ihrem Schoß, kaute ihr Käsebrot, blickte in den Garten und dachte betreten, dass es jetzt nur noch besser werden konnte.

»Wo ist eigentlich der Hund und der unheimliche Mann?«, wollte Anton plötzlich wissen.

»Welcher unheimliche Mann?«, horchte Mary alarmiert auf und warf Emma einen besorgten Blick zu.

Emma schüttelte schnell den Kopf. »Kein

unheimlicher Mann. Nur ein seltsamer Typ, der wohl da links wohnt und mit dem Hund Gassi gegangen ist. Vermute ich zumindest.«

»Ein seltsamer Typ? Wieso, was hat er denn so Seltsames gemacht?«

»Emma hat sich geduckt, als sie ihn gesehen hat«, erklärte Anton ernst. »Und fast ein Ei gelegt«, kicherte er plötzlich los.

»Du Doofi«, verteidigte sich Emma. Wie sollte sie ihrer Mutter das nur erklären. »Da war im Garten ein Mann, der vorhin an der Strandbar stand. Kaum älter als ich. Dort hat er mich total arrogant angeguckt. Ich wollte einfach nicht mit ihm sprechen müssen.«

»Verstehe«, erwiderte ihre Mutter erleichtert. »Hier gibt es nämlich keine unheimlichen Männer, das hat mir Werner versprochen. Sonst wäre ich mit euch doch gar nicht hierhergezogen.«

Emma nickte und bemühte sich, ihre Mom ein wenig anzulächeln. Sie wollte es nur gut machen und das tat sie. Mehr konnte sie nicht tun.

Die Sonne ging unter und Emma musste gähnen. Es war ein langer Tag gewesen.

Endlich gab es jedem seine Lieblingsschoki und Mom zündete noch ein paar Teelichter an. Emma mochte es, wenn ihre kleine Familie so kuschelig beisammensaß. Sie lutschte ihren Schokoriegel, bis sie nur noch die Knusperteilchen auf ihrer Zunge spürte, dann biss sie darauf, dass es knisterte. Wozu nur fehlte ihrer Mutter immer ein Mann zu ihrem Glück? Das Leben konnte auch ohne völlig okay sein.

Müde krochen sie kurz darauf in ihr Stockbett und natürlich wackelte Anton mit Absicht oben herum und spielte Schiff in Seenot. »Anton, hör endlich auf, ich will schlafen.«

»Es gibt aber einen Sturm«, spielte Anton weiter und wackelte noch mehr.

»Oh Mann, jetzt reicht es echt.«

»Was bist du denn so unleidlich?«

Emma dachte nach. »Keine Ahnung«, erwiderte sie nur. Ihr Magen schmerzte und sie wusste warum. Sie hatte es schon fast wieder verdrängt, vor lauter Sorge um Bijoux und allem. Morgen musste sie nach Berlin in die City, in ihre neue Universität. Wie oft hatte sie diese grauenhafte Situation in ihrer Schul- und Unizeit schon erlebt? Dreimal? Oder viermal? Und jedes Mal mitten im Schuljahr oder Semester. Meist befand sich ihre Mom aus irgendeinem Grund auf der Flucht. Weil ihr Leben mal wieder nicht so lief, wie sie es hoffte, wie sie sagte. Dass es nichts nutzte, dann wegzulaufen, hatte Emma schon früh gelernt. Aber alle Versuche, es ihrer Mutter klarzumachen, misslangen.

Emma dachte an Werner, den sie morgen Abend wiedersehen würde. An die Peinlichkeit des heutigen Tages und dass es morgen alles in allem bestimmt noch unangenehmer werden würde. Anton über ihr schien inzwischen eingeschlafen zu sein und zum Glück fielen Emma nun auch fast die Augen zu. Hoffentlich krieg ich den ersten Tag in der neuen Uni ganz schnell rum und hoffentlich träume ich heute nichts, dachte sie im Halbschlaf. Bitte, bitte keine Träume.

3. Kapitel

»Und, was hast du geträumt«, wollte Anton, von oben herabhängend, sofort wissen, als der Wecker klingelte. Er ließ seinen Kopf zu ihr herunterbaumeln und grinste.
»Nichts«, antwortete Emma leise und es entsprach der Wahrheit. Das erste Mal seit langem hatte sie rein gar nichts geträumt. Durfte sie das als gutes Zeichen werten?
Antons Kopf verschwand wieder und sie hörte ihn leise wispern: »Emma, ich will nicht in die neue Schule.« Seine Stimme klang ängstlich. Sofort überkam sie eine Welle des Mitleids. Der erste Schultag, der Tag des Grauens. So hatte Anton ihn gestern noch kichernd betituliert. Emma dachte, er mache Spaß, da er es ja noch nie erleben musste. Er, der gerade mal die 2. Klasse besuchte. Er wusste es nicht, wie es sich anfühlte, in eine eingeschworene Gemeinschaft als Fremder zu kommen. In eine Klasse, in der es feste Cliquen gab. Emma kannte das Gefühl zu gut, die Neue zu sein, der bunte Hund, der von allen angegafft und getestet wurde. Das altbekannte Gefühl, als drücke ihr jemand die Gurgel zu, als bekomme sie nur noch so viel Luft, wie durch einen Strohhalm passte. Und immer an dem Punkt, wenn der Lehrer

sagte: »Nun Emma, dann stellen Sie sich der Klasse doch mal vor«, drückte eine ihr unbekannte Macht den Strohhalm oben zu. Dann kam kein Pieps mehr heraus, maximal ein Krächzen und die ersten Tuscheleien und grinsenden Gesichter glotzten ihr hämisch entgegen. Dann gab es immer die, die ihr aufmunternd und lächelnd entgegensahen. Doch es war bestimmt nur Mitleid, Emma hasste es, bemitleidet zu werden. Gleich also sollte der Spießrutenlauf für sie beide beginnen.

Ihre Mom hatte sich hübsch zurechtgemacht, trug ein rosa T-Shirt mit einem Glitzer-Herz darauf und eine enge hellblaue Jeans. Sie hatte im Garten Frühstück bereitet, aber selbst das konnte Emmas Puls nicht zur Ruhe bringen. Mom schmierte ihnen die Brote, oder besser gesagt die Stullen, wie man hier sagte, legte Apfelstücke und Himbeeren in die Brotboxen, und lächelte Emma entschuldigend an.

»Emma, du machst das immer so toll. Du bist ja auch meine Große.«

»Dann schaff ich es also nicht?«, wollte Anton sofort wissen.

»Was, nein, doch, natürlich. Du sowieso, Süßer.«

»Und wieso er sowieso?«, fragte Emma nach.

»Oh mein Gott, ihr wisst doch, wie ich es meine.« Mom gab den beiden einen Kuss, fing an, abzuräumen. »Jetzt putzt euch schnell die Zähne und los geht es. Ihr wollt an eurem ersten Tag doch

nicht zu spät kommen?«
Auf keinen Fall. Das hatte Emma bereits einmal in der 12. erlebt, als sie eine halbe Stunde zu spät zum Unterricht kam, weil sie das Klassenzimmer nicht fand. Die neuen Mitschüler hatten gegrölt und gelacht, als sie mit hochrotem Kopf angehetzt kam und sich stotternd entschuldigte.
Die Zahnpasta schmeckte scharf. Von draußen hörte sie Mom hupen. Es half nichts. Sie mussten los.
»Mir ist schlecht. Ich geh da nicht hin«, hörte Emma Anton flüstern, bevor er ins Auto stieg. Dabei schien er bisher mit all dem, dem Umzug, dem bevorstehenden Schulwechsel, keine großen Probleme gehabt zu haben. Aber der kleine Kerl hatte sich offenbar in sich selbst getäuscht und seit gestern Abend war sie da, die Angst.
Emma beugte sich liebevoll zu ihm. »Weißt du Anton, jeder Mensch hat Angst vor Neuem. Aber ich kann dir mal einen Tipp geben. Du musst deine Angst immer überwinden, dann geht sie irgendwann weg.«
»Echt jetzt?«, fragte er skeptisch, während er zögerlich seinen Schulrucksack mit den Fußballstickern, ansah. »Dann hast du ja vor sowas gar keine Angst mehr, so oft wie du dich dann schon überwunden hast?«
»Äh ja, kaum«, schwindelte sie. Und brach damit

die Familienregel, nie zu lügen. Aber wäre nicht geschehen, was geschehen war, hätte es ja auch vielleicht eher der Wahrheit entsprochen, redete sie sich vor sich selbst heraus. Schließlich hatte sie all die ersten Tage als Neue in einer Schulklasse irgendwie überlebt und tatsächlich war es jedes Mal ein wenig leichter geworden. Bis zu jenem Tag im April vor drei Jahren, seitdem war sie wieder entsetzlich groß, ihre Angst. Entsetzlich lähmend. Seitdem hatte Emma Angst vor Menschen. Vor Menschen, die sie nicht kannte, vor Menschen, die sie kannte, die sie meinte zu kennen, die sie aber nicht einschätzen konnte. Ihr Bauchgefühl, ihre Menschenkenntnis hatte komplett versagt. Seitdem traute Emma ihren Empfindungen nicht mehr. Und was es bedeutete, wenn man seinen Gefühlen nicht mehr vertrauen konnte, ließ sich nicht in Worte fassen. Es war ein Gefühl, dass ihr den Boden unter den Füßen wegzog, immer wieder. Heute war ein besonders schlimmer Tag. Es gab nur einen Weg. Ihn so schnell es ging hinter sich zu bringen. Denn alles ging vorbei, auch die schlechten Tage, auch das hatte sie erfahren.

»Es hilft nichts, Süßer, komm, wir sind stark. Mom zuliebe. Sie wartet«, sagte sie zu Anton und versuchte ein Lächeln. Doch ihre Mundwinkel gehorchten ihr nicht. Anton seufzte, nahm angespannt Emmas Hand in die Seine. Und allein diese Geste sagte Emma, welche Panik er hatte. Sie drückte seine kleine Hand fest und schickte ihm all die Kraft, die sie noch hatte. Tapfer ließ er sie wieder los, öffnete den Wagen und stieg in seinen Kindersitz. Emma half ihm, sich festzugurten, obwohl er das schon lange alleine konnte, und stieg dann wie gelähmt auf der Beifahrerseite ein.

Ihre Mom lenkte den Wagen rasant an der S-Bahn Friedrichshagen vor. Von hier ab musste Emma allein in die City und ein paar Mal umsteigen. Mom wollte Anton in die Schule hier in der Nähe bringen und dann direkt zur Strandbar. Keiner von ihnen sagte ein Wort.
Emma atmete durch, umarmte die beiden, als würde sie ihre kleine Familie das letzte Mal in ihrem Leben sehen und ging mit weichen Knien zur S-Bahn. Vollkommen überfordert von all den S-Bahnverbindungen, stand sie erstmal am Bahngleis und fühlte sich unsicher. War das wirklich die richtige Bahn? Emma wusste, sie musste da jetzt durch und stark sein und es gelang ihr auch, irgendwie.
Angespannt saß sie in der S-Bahn. Sie blickte hinaus, um ja keinem Menschen in die Augen sehen zu müssen und ließ die Landschaft an sich vorüberziehen. Emma schaffte es tatsächlich, kam irgendwann an dem Institut, an dem das

Blockseminar stattfand, an. Insgeheim stolz auf sich selbst, betrat sie den Campus. Auch hier blühte es und Emma wunderte sich erneut, wie grün Berlin doch zu sein schien.

Einige Studenten kamen gerade an, die meisten mit Fahrrädern oder Longboards. Es nutzte nichts, dass es hier hübsch aussah. Menschen konnten so gnadenlos sein. Besonders zu Neuen, ganz sicher auch hier. Die Idylle trog. Hoffentlich ließen sie wenigstens Anton in der Schule in Ruhe. Hoffentlich.

Emmas Beine fühlten sich an wie Pudding.

Sie atmete tief durch und schritt, einen Fuß vor den anderen setzend, voran.

Sie wusste, sie würde den Raum alleine nicht finden. Das Sekretariat befand sich im Erdgeschoss gleich links. Eine etwas füllige, aber sympathisch aussehende Endfünfzigerin in einem etwas zu engen, grün-weiß gemusterten Kleid, saß darin und feilte sich die Nägel. Emma musste sich beeilen. Zu spät kommen durfte sie auf keinen Fall.

»Entschuldigung, ich bin Emma Thompson, ich bin neu hier.« Sie erkundigte sich nach dem Raum.

»Ach, mitten im Semester? Nun gut. Den Raum zu finden ist ein bisschen kompliziert, kommen Sie, ich führe sie hin. Ich bin übrigens Frau Kawupke.«

Sie legte ihr Maniküreset beiseite, stand auf und kam lächelnd auf Emma zu. »Herzlich willkommen, es wird Ihnen bei uns bestimmt gefallen.«

Wie nett, dachte Emma und bemühte sich, zuversichtlich zu lächeln. »Ganz bestimmt«, sagte sie, aber sie glaubte es nicht.

»Kommen Sie.«

Emma eilte der Sekretärin hinterher. Als sie an dem Raum ankamen, war Emma ziemlich außer Atem. Auch das noch. Ihr Atem ging stoßweise, vermutlich hatte sie bereits ein rotes Gesicht. Frau Kawupke konnte schneller gehen, als man es ihr bei dieser Körperfülle zugetraut hätte.

Aus dem Raum, dessen Tür offen stand, hörte man das übliche Gemurmel und Gelache von Studenten, die sich gut kannten. Bestimmt bestanden hier Freundschaften seit dem ersten Semester, schoss es Emma durch den Kopf. Und wieder beschlich sie dieses bekannte Gefühl: als Alien auf einem neuen, unsicheren Planeten zu landen.

Gerade als sie umdrehen und weglaufen wollte, egal wohin, schob Frau Kawupke sie am Arm mit sich in den Raum. Sofort verstummte das Gemurmel und alle starrten Emma an. Der Dozent, ein relativ junger, sportlich aussehender Mann mit kurzen schwarzen Haaren und einem Ziegenbärtchen, lächelte sie aufmunternd an. Emmas Atem setzte aus. Aber Frau Kawupke ließ kein Entkommen zu: »Herr Nordquist, ich bringe Ihnen Emma Thompson. Eine Neue. Mitten im Semester.« Es klang nun doch vorwurfsvoll. »Haben Sie noch Platz in ihrem Blockseminar?«

Eine Neue. Es klang in ihren Ohren nach. Eine Neue, hallte es wieder.

»Kommen Sie doch herein«, hörte Emma den Dozenten wie in Trance sagen. »Ja, sie ist angemeldet. Setzen Sie sich bitte. Da in der Mitte ist ein Platz frei.«

Frau Kawupke lächelte sie aufmunternd an, doch Emma schaffte es nicht mehr, zurückzulächeln. So viele neue Menschen. Ihr Blick suchte den ihr zugewiesenen Platz, doch als sie ihn endlich entdeckte, inmitten der vielen fremden Gesichter, erstarrte sie. Ihr Herzschlag setzte aus.

Neben dem einzig freien Platz saß der Typ aus der Strandbar, Ben. Der mit dem Hund. Was machte er denn hier? In ihrem Seminar?! Wollte er etwa auch Journalist werden? Oder studierte er etwas anderes? Allgemeine Berufsvorbereitung wurde mit vielen Fachrichtungen zusammen abgehalten, das wusste Emma. Er sah aus wie ein BWLer. Und wieder sah er sie mit diesem unnahbaren Blick an. Kein Lächeln umspielte seine Lippen, wie man das bei der Begrüßung einer neuen Kommilitonin erwarten durfte. Das konnte doch nicht wahr sein. Ihre Knie zitterten.

»Ben, jetzt sehen Sie Emma doch nicht so unfreundlich an«, sagte nun sogar Herr Nordquist.

Selbst ihm fiel es auf. Es schien also keine Einbildung zu sein. Ein paar Studenten lachten. Eine hübsche Blonde, vermutlich war das die, die zu der Clique an der Strandbar gehörte, lächelte Emma an. Doch Emma wusste es nicht einzuschätzen. Wie sie keinen Menschen mehr einschätzen konnte. Blondinen, soviel wusste sie aus Erfahrung, waren meist stutenbissig und wollten die Schönsten sein. Aber diese vielleicht nicht? Um nicht noch mehr Aufmerksamkeit auf sich zu ziehen, riss sie sich zusammen. Alle sahen sie erwartungsvoll an, Emma ging tapfer auf den Platz neben Ben. Attraktive Männer wie er gehörten vermutlich in die gleiche Kategorie wie Blondinen. Auch sie konnten normalerweise nichts mit Mädchen wie Emma anfangen. So schien es tatsächlich zu sein, denn Ben drehte sein Gesicht einfach weg, starrte in sein Buch, als sei es das interessanteste Buch der Welt.

***

Bens Pechsträhne hörte einfach nicht auf. Jetzt saß auch noch dieser Freak neben ihm. Wie sehr hatte er es genossen, die einzige Zweierbank für sich alleine zu okkupieren. Das schien jetzt endgültig vorbei zu sein. Bis er diesen verdammten Schein bekam, hielt er es auf keinen Fall neben diesem seltsamen, schüchternen Mädchen aus. Nicht mal vor allen »Hallo« konnte sie sagen. Nicht, dass er großen Wert darauf legte. Am liebsten wäre ihm, sie sagte keinen Pieps. Zumindest nicht zu ihm. Aber da es sich um ein Mädchen handelte, schien diese Hoffnung so aussichtslos zu sein, wie wenn in ganz China der Reis ausginge. Mädchen plapperten den ganzen Tag, zumindest die Mädchen, die Ben kannte. Ben starrte in sein Buch, aber die Buchstaben verschwammen vor seinen Augen. Seit er diesen kleinen Jungen gestern Nachmittag gesehen hatte, war seine Laune in den Keller gesunken. Nicht einmal sein Kumpel Danny, der eine Bank schräg rechts vor ihm saß, konnte ihn mit seinen belustigten Blicken, die der Neuen galten, aufmuntern. Dieses Mädchen schien Dannys Aufmerksamkeit auf sich zu ziehen. Ben bemerkte plötzlich aus den Augenwinkeln, als er in Richtung Danny schaute, dass sie Tränen in den Augen hatte. Ben schluckte und sofort tat sie ihm leid. Moment, sie tat ihm leid? Wieso hatte er diese Gefühle für sie?

»So, dann schlagen Sie bitte die Seite 99 in ihrem Buch auf«, hörte er Herrn Nordquist sagen. »Ben, Sie erklären Emma bitte, was wir bereits darüber gelesen haben.«

Fassungslos sah Ben Herrn Nordquist an.

»Gibt es irgendein Problem?«, wollte der wissen. Alle schauten zu Ben und sogar das Mädchen schien ihn anzustarren, zumindest sah es aus den Augenwinkeln so aus. »Nein, nein, gibt es nicht«, antwortete er also schnell.

Ohne Emma anzublicken, versuchte er ihr das, was sie bereits durchgenommen hatten, zu erklären. Sie schien nicht besonders blöd, was ihn erleichterte. Als sie sich ein wenig vorbeugte, um die Seite genauer betrachten zu können, roch er einen angenehmen Duft. Kein Parfum. Sondern einen anderen, blumigen, frischen Geruch, den er nicht kannte. Für einen Moment konnte er ihr Profil betrachten, ohne, dass sie es bemerkte. Sie hatte eine gerade, nicht zu große Nase, hohe Wangenknochen und eine reine Haut. Ben achtete sehr auf die Haut eines Mädchens, denn sie sagte seiner Meinung nach viel über einen Menschen aus. Die restliche Seminarstunde musste er zum Glück nicht mehr mit ihr reden und danach hatte er eine andere Vorlesung. Vermutlich war sie eher eine, Geisteswissenschaftlerin, eine, die Journalistin werden wollte, die Welt retten. So sah sie aus.

Sobald Herr Nordquist die Stunde beendete, sprang Ben auf und ging zu Danny. Der fragte ihn sofort aus. »Und, wie ist sie?«

»Wer?«

»Na die Neue, komm schon.«

»Keine Ahnung.«

»Sie sieht irgendwie anders aus. Ist sie das auch?«

»Woher soll ich das wissen.«

Ben spürte Dannys Blick auf sich ruhen. »Sag mal, Kumpel, alles klar bei dir?«

»Was denn? Alles bestens. Sie interessiert mich nicht.«

»Hätte mich auch gewundert«, grinste Danny. »Null dein Beuteschema.«

Ben nickte nur genervt. Er mochte nicht über sie reden. Sie erinnerte ihn zu sehr an diesen kleinen Jungen, der so viel in ihm ausgelöst hatte. Der ihm allein bei dem Gedanken erneut den Boden unter den Füßen wegzog.

»Hallo, ich hab dich was gefragt?«, hörte er Danny plötzlich sagen. Angestrengt dachte er nach. Aber er hatte nichts gehört.

»Was denn?«

»Na, ob wir heute Abend zusammen nach Mitte gehen. In der Torstraße hat ein neuer Laden aufgemacht, in der Nähe vom Kaffee Burger.«

»Heute nicht.«

»Wieso, was hast du denn vor?«

»Ach egal.«

Dannys Neugierde schien nun aber erst recht geweckt. »Jetzt sag schon. Wie heißt sie?«

»Mein Dad wollte was von mir«, wich Ben nur aus. Zusammen gingen sie in die Cafeteria, wo ihm die

Neue ein paar Tische weiter gegenübersaß. Ben konnte sie nun von vorne betrachten, ohne dass es auffiel. Ihr Gesicht sah ganz hübsch aus, aber ihre Klamotten wirkten, als würde sie gleich auf eine Trauerveranstaltung gehen. Komplett schwarz heute und das im Sommer. Dabei sah es nicht aus wie ein Grufty-Look oder dergleichen. Eher wie ein Mädchen, dass keine Lust hatte, sich schön zu machen. Sie schminkte sich überhaupt nicht, was Ben aber gefiel, da er überschminkte Gesichter scheußlich fand. Durch ihren zarten Teint wirkte sie verletzlich und ihre Augen drückten Angst aus. Kein Wunder, am ersten Unitag. Obwohl dahinter mehr zu stecken schien, das sagte ihm sein Instinkt. Ihr Blick erinnerte ihn an sich selbst, wenn er sich manchmal abends im Spiegel betrachtete und dabei an früher dachte. An seinen Vater, der ihm nie das Gefühl gegeben hatte, wichtig zu sein. Wie oft hatte Ben als kleiner Junge gehofft, dass sein Vater zu einer Schulaufführung, bei der Ben meistens die Hauptrolle spielte, pünktlich kam. Jedes Mal hatte er länger in der Kanzlei zu tun und verpasste den Auftritt seines einzigen Sohnes. Ben als Ali Baba, Ben als Winnetou, Ben als der kleine Muck. Wie eifrig hatte er die Rollen auswendig gelernt, um es seinem Vater zu zeigen. Was in ihm steckte, was er gut konnte. Aber sein Vater hatte es nie gesehen. Nicht einmal die Videoaufzeichnungen, die irgendeine stolze Mutter machte, sah er sich an. Er nahm es sich immer vor, aber vergaß es sofort wieder. Denn er steckte mit dem Kopf auch spät abends immer noch in irgendeinem Fall oder wollte vor dem Fernseher abschalten. Ben litt damals sehr darunter und schwor sich, das bei seinen Kindern anders zu machen. Falls er denn jemals welche haben sollte. Was er bezweifelte. Denn Familie hatte für ihn keine Bedeutung. Einzig seine Tante Luisa mochte er ganz gerne. Aber die hatte ihr eigenes Leben, ihre eigene Familie und so fühlte er sich auch da nie wirklich zuhause.

Der Tag hatte sich in die Länge gezogen. Ben zählte die Stunden bis zu den Semesterferien, aber es waren noch so viele. Seltsam, dass die Neue jetzt noch die Uni gewechselt hatte, kam ihm in den Sinn, während Danny neben ihm irgendetwas erzählte.

Nach dem Essen stellten sie sich auf dem Hof ein wenig in die Sonne zu ihren Leuten. Die Clique gab ihm Halt, es tat gut, zu einer Gruppe zu gehören.

Die Mädchen unterhielten sich gerade über die Neue und hatten offenbar den gleichen Gedanken.
»Was meinst du, warum die die Uni gewechselt hat, mitten im Semester?«, fragte Hannah gerade Caro.
»Keine Ahnung.«
»Komisch ist es schon.«

»Frag sie halt, wenn es dich so brennend interessiert.« Er mochte Caro für ihre forsche Art.
»Tut es ja nicht.« Hannah sah in ihrem Handy nach, sie hatte gerade eine Nachricht bekommen.
Ben wandte sich an Rob, erkundigte sich, ob er heute mit Surfen käme. Der wusste es noch nicht sicher, seine Mutter hatte ihn zum Lernen verdonnert. »Sonst zahlen sie mir meine Miete nicht mehr. Und so am Stadtrand wohnen wie du, würde ich nicht aushalten.«
Ben zuckte die Schultern. Ihm gefiel es da draußen am See. Er besuchte aber auch gerne Rob in seiner Wohnung im Prenzlauer Berg. »Du hast es gut«, sagte Rob zu ihm. »Dein Dad zahlt. Immer.«
Ben nickte bemüht lächelnd. Denn es fühlte sich nicht an, als habe er es gut.

***

Emma stand allein im Hof des Instituts und hoffte, dass die nächste Vorlesung bald losginge. Sie fühlte sich unwohl und allein. Aber damit hatte sie schon gerechnet. Ein Typ mit dunklen Locken, dunklen Augen und schwarzen Klamotten, starrte sie irgendwie seltsam an. Auf seinem T-Shirt prangte ein Totenkopf.
»Hey, Marco«, wurde er von einem anderen

begrüßt.

Emma sah schnell weg, denn der Totenkopf-Typ hielt den Blick die ganze Zeit, auch während der andere mit ihm sprach. Da klingelte zum Glück ihr Handy. Es war Anton, der zu seinem Schulstart das alte Handy von Emma bekommen hatte. »Hey, Süßer, wie gehts?«

»Super. Du, Emma, darf ich heute Nachmittag mit Fynn spielen?«

Er hatte bereits Anschluss gefunden. Wie schön.

»Klar. Bei uns oder bei Fynn?« Die Jungs tuschelten im Hintergrund, berieten sich und Anton verkündete, die Spielsachen von Fynn inspizieren zu wollen. Antons waren ja auch noch gar nicht ausgepackt. Er versprach ihr eine SMS zu schicken, wo sie ihn abholen konnte und legte auf. Emma fühlte sich erleichtert, dass wenigstens er sich leicht tat. Dass er nicht dieses tiefsitzende Misstrauen in andere Menschen hatte, wie sie seitdem. Emma fröstelte, obwohl die Sonne schien. In etwa hundert Meter Entfernung sah sie die Clique, bei der auch Ben stand. Aber er wirkte, als gehöre er nicht wirklich dazu. Oder warum sah er sogar jetzt so schlecht gelaunt drein? Emma konnte seinen Blick nicht einschätzen, aber gut schien es ihm nicht zu gehen. Warum nur? Ein Typ wie er hatte doch sicher alles. Seinen Klamotten nach zu urteilen wohlhabende Eltern, einen Hund, eine eigene Bude. Denn vermutlich wohnte er ja in der Hütte links neben ihnen, wenn sein Hund dort lebte. Seltsam, dass er nicht in der Stadt wohnte, in einem der angesagten Szeneviertel. Mitte, Friedrichshain oder Prenzlauer Berg. Vermutlich, weil er oft surfen wollte. Aber dass er ausgerechnet ihr Nachbar sein musste? Sollte das ein schlechter Scherz des Schicksals sein oder gab es da irgendeinen Hintergrund, den Emma noch nicht verstand? Sie wunderte sich über sich selbst, dass sie sich so viele Gedanken über diesen eigenbrötlerischen Ben machte. Sie beschloss, es sein zu lassen und sich in dieser Stadt nur auf ihr Studium zu konzentrieren.

In dem Moment sah Ben jedoch auf und ehe Emma wegsehen konnte, trafen sich ihre Blicke. Ihr Magen zog sich zusammen, das Blut schoss ihr ins Gesicht, ihr Kopf wurde rot. Oh nein, was sollte er nur von ihr denken? Emma drehte sich schnell zur Seite und tat so, als bekäme sie erneut einen Anruf am Handy. Nervös kramte sie das Handy aus ihrer Jackentasche und spielte, als nehme sie ab.

Dabei sah sie möglichst unauffällig in Richtung der Clique und registrierte, wie die Mädchen grinsten und tuschelten, dabei zu ihr herübersahen. Und auch dieser Ben konnte sich ein Grinsen jetzt nicht verkneifen und blickte sie an. Na warte, dachte Emma. Musste ausgerechnet so ein Idiot ihr

Nachbar sein? Wieso nicht dieser Rothaarige, Sommersprossige? Der wirkte viel netter.

Wütend stapfte sie zurück ins Gebäude und betete, dass der Tag ganz schnell zu Ende ginge. Obwohl, fiel ihr ein: Heute Abend wollte Werner sie alle bekochen. Auch das noch. Emma redete sich gut zu und nahm sich vor, sich heute Abend zusammenzureißen. Für ihre Mom, die schon so viel für sie getan hatte. Sie sollte endlich glücklich werden. Und da es für Mom das wahre Glück nur an der Seite eines Mannes zu geben schien, was Emma wirklich nicht verstand, dann in Gottes Namen eben mit diesem Werner.

***

Erschöpft von dem Tag an der Uni betrat Emma die Gartenhütte, ihr neues Zuhause, und fühlte etwas Weiches, Klebriges an ihrem Schuh. Sie stand in einem Häuflein Katzenscheiße! Das auch noch. Der arme Bijoux hatte sich offenbar den ganzen Nachmittag nicht aus der Hütte getraut. Fluchend putzte Emma ihren Schuh mit einer alten Zeitung sauber und nahm damit den Rest auf, um ihn in einem Plastikbeutel zu entsorgen. Gut, dass ihre Mom noch in der Strandbar arbeitete, sie hätte sich extremst geekelt. Emma wurde bewusst, dass sie

mit diesem Ben dringend reden musste. Dass er seinen Hund, beziehungsweise dessen Hundehütte wenigstens in die andere Ecke des Gartens verfrachten sollte. Sie mussten eine Lösung finden.
»So, Bijoux, komm auf meinen Arm, da bist du sicher vor diesem Köter.« Sofort hüpfte der dicke Kater auf ihren Arm und fing an zu schnurren. Emma schmiegte ihren Kopf in sein weiches Fell. Ihr graute vor dem Gespräch mit diesem spröden Ben. Ob er wohl nach der Uni noch irgendwohin gegangen war? Die Hütte nebenan wirkte verlassen, auch der Hund schien weg zu sein.
Emmas Neugierde siegte. Mit Bijoux auf dem Arm inspizierte sie vorsichtig Bens Garten. Auch hier blühte es um die Wette. Er hatte Salat, Zucchini, Tomaten und Karotten angebaut. Sieh an, sieh an. Bestimmt hatte er das nicht selbst gemacht. Welcher Surfer-Typ gärtnerte auch schon freiwillig? Die Hütte erstrahlte in bunten Farben, so dass sie ein wenig aussah wie Pippi Langstrumpfs Villa Kunterbunt. Emma musste unwillkürlich schmunzeln. Sein Geschmack gefiel ihr, mehr an ihm aber auch nicht.
Da hörten sie ein Bellen und sofort versteifte sich Bijoux. Emma konnte ihn gerade noch festhalten, sonst wäre er wieder auf und davon. »Psch, ich beschütze dich vor denen«, flüsterte sie.
Ben, mit seinem Hund, betrat seinen Garten und

starrte Emma und ihren Kater finster an. Der Hund knurrte. Bens Haare wirkten noch nass, sein T-Shirt klebte ein wenig an seinem Körper. Vermutlich kam er gerade vom Surfen.

»Was machst du in meinem Garten?«, wollte er mürrisch wissen. »Ist das dein Kater?«

»Ja, das ist Bijoux. Und ich fürchte. wir sind jetzt Nachbarn. Zumindest eine zeitlang. Wir müssen also irgendwie klarkommen, als Nachbarn meine ich. Könntest du vielleicht die Hundehütte auf die andere Seite des Gartens stellen? Sonst traut sich Bijoux überhaupt nicht mehr raus.«

Bens Miene verfinsterte sich noch mehr. »Wie bitte? Das ist Sheilas Lieblingsplatz. Das geht nicht einfach so.«

»Das geht sehr wohl. Du musst es nur wollen und einfach mal nett sein.« Emma biss sich über sich selbst erstaunt auf die Lippen. Schnell sah sie zu Boden. So forsch war sie schon lange nicht mehr gewesen. Aber sie musste für Bijoux kämpfen. Der Kater konnte unmöglich zur Hauskatze mutieren, nur weil hier so ein dämlicher Hund wohnte.

Ben schien am liebsten knurren zu wollen, wie sein Hund, den er am Halsband zurückhielt. »Ich überleg's mir«, grummelte er in seinen nicht vorhandenen Bart hinein. Dann ging er mit Sheila in seine Hütte, ohne Emma die Chance zu geben, noch etwas zu erwidern.

Fassungslos und mit offenem Mund sah Emma ihm hinterher. Diese Dreistigkeit! Sie beschloss, abzuwarten, ob der Herr gnädig sein und die Hütte umsetzen würde. Aber falls nicht, würde er sie kennenlernen. En garde!

Wenn es um ihren geliebten Kater ging, konnte Emma die Krallen ausfahren, auch wenn sie sonst ein sehr friedliebender Mensch war.

Emma beschloss, mit Bijoux ein wenig die Gegend zu erkunden, damit er ein wenig Auslauf hatte. Denn mit ihm konnte man fast wie mit einem Hund spazieren gehen. Bijoux blieb immer bei Emma, oder kam, wenn er nicht gerade von einem Hund gejagt wurde, auf jeden Fall immer zurück. Bis zum Abendessen mit diesem Werner blieb noch etwas Zeit und Emma versuchte, abzuschalten. Sie musste auch noch Anton bei seinem neuen Freund Fynn abholen, das konnte sie mit ihrem Spaziergang gleich verbinden.

***

Mom sah umwerfend schön aus. Sie trug ihre blonden Haare offen, hatte sich dezent geschminkt und das rote Kleid passte perfekt. Und das alles für diesen Werner, dachte Emma. Dann musste er ihr wirklich sehr viel bedeuten. Emma hatte sich nicht umgezogen, wozu auch, und Anton wusch sich gerade noch den Mund. Bei Fynn hatte es Schokoladeneis gegeben. Anton hatte Bauchweh.

»Kann ich mit Anton nicht hierbleiben und du und Werner, ihr macht euch einen romantischen Abend?«, fragte Emma hoffnungsvoll nach.

»Auf keinen Fall. Ihr sollt euch doch endlich kennenlernen.«

Emma seufzte.

»Es gibt auch Pommes«, wandte sich Mom lächelnd an Anton. »Die magst du doch so.«

Und Anton, der Pommes essen konnte, bis sie ihm zu den Ohren rauskamen, nickte sofort begeistert und sein Bauchweh schien schlagartig wie weggeblasen.

Also gingen die Drei ins Nachbarhaus, das auf der rechten Seite ihres Gartens stand. Ein großes, weißes Haus, das irgendwie wirkte, als habe Werner viel Geld. Ziemlich viel Geld.

»Ist der reich?«, wollte Anton auch schon wissen.

»Was, nein. Ich glaube nicht«, erwiderte ihre Mom amüsiert.

»Naja, wenn er Anwalt ist, verdient er sicher nicht schlecht«, erklärte Emma Anton.

»Anwalt? Was macht man da?«, fragte Anton weiter.

»Das kannst du ihn gleich selber fragen«, sagte ihre Mutter, strich sich etwas nervös eine Haarsträhne aus dem Gesicht und klingelte. Weit war der Weg ja nicht gewesen.

Emma fühlte sich elend. Die erste peinliche Begegnung mit Werner gestern lag ihr noch im Magen. Außerdem fürchtete sie sich vor ihm, wie vor jedem Mann. Seitdem. Sie konnte es einfach nicht abstellen.

Die Tür öffnete sich und es erschien ... Ben!

Fassungslos starrten sich Emma und Ben an und Emma verstand die Welt nicht mehr. »Was... was ...«, stammelte sie nur.

»... machst du denn schon wieder da?«, vervollständigte Ben, mindestens genauso entsetzt, ihren Satz.

Im Hintergrund hörte man Werner rufen: »Ben, bitte Mary und ihre Kinder doch herein!«

Emmas Herz hörte auf zu schlagen. Sie starrte immer noch Ben an, seine blauen, unergründlichen Augen und plötzlich verstand sie. Ben war Werners Sohn. Der Sohn ihres womöglich zukünftigen Stiefvaters. Also ihr eventueller Stiefbruder. Diese Erkenntnis traf sie wie ein Blitz, der einen dicken, alten Baum zum Stürzen bringen könnte. Stünde Anton nicht genau neben ihr, wäre sie einfach umgekippt. Und auch Ben schien kombiniert zu haben. »Dann bist du...«

»Meine Tochter Emma«, sagte ihre Mutter fröhlich, »und das ist unser Kleinster, Anton. Und ich bin

Mary, hi.«

»Hi!«, krähte Anton lächelnd. Er wusste ja nicht, was all das hier bedeutete. Für Emma, für ihr Leben.

Jetzt erschien auch Werner an der Tür, er schien sich zu wundern, warum alle noch da herumstanden. »Was ist denn los?«, fragte er nett. »Wollt ihr hier Wurzeln schlagen? Wir beißen nicht.« Mit einer einladenden Geste bat er sie herein. Auch er hatte sich schick gemacht, trug einen gutsitzenden Anzug einer sicher teuren Marke.

Emma wurde von Anton und ihrer Mutter hineingeschoben und Ben verschwand sofort blass in der Küche.

»Ben hat für uns gekocht, er kocht vorzüglich.« Werner lächelte Mom verliebt an, doch Emma wurde schlecht.

Ben hatte gekocht? Dieser Surfer-Typ konnte kochen? Sie spürte, dass sie keinen Bissen herunterbringen würde.

»Gibt's auch Pommes?«, fragte Anton sofort.

»Natürlich gibt's auch Pommes«, erwiderte Werner lächelnd. »Selbstgemachte, von Ben.«

»Selbstgemachte?« Anton dehnte das Wort wie Kaugummi. »Aus was denn?« Mom lächelte schnell entschuldigend. »Aus Kartoffeln natürlich. Er kennt nur Pommes aus der Tüte.«

»Na dann lernst du heute mal etwas Neues kennen. Kommt doch ganz herein. Hier ist mein Wohnzimmer.«

Emma hatte keine Augen für die Einrichtung des Hauses, in ihrem Hirn surrte es. Sie suchte nach einer Ausrede, dem Ganzen entfliehen zu können, aber ihr fiel nichts ein. Ben hatte sich in die Küche geflüchtet und Emma konnte nur hoffen, dass er dort nie wieder herauskam.

Werner legte seinen Arm liebevoll um Mary und drückte sie zärtlich. Emma sah, wie verliebt sich Mom und Werner ansahen und ihr wurde bewusst, dass es kein Entrinnen gab.

Mit weichen Knien setzte sie sich einfach an den nächstbesten Esstischstuhl, sonst wäre sie zusammengeklappt. Werner lächelte. »Ich sehe schon, Emma hat großen Hunger, was?«

Eher im Gegenteil, wollte sie schon sagen, aber sie riss sich für Mom zusammen und bemühte sich um ein Lächeln.

***

Ben starrte in der Küche aufgewühlt in die Karottensuppe mit Ingwer, die Vorspeise, die er für die neue Freundin von Werner zubereitet hatte. Sein Vater hatte ihn überredet, heute für alle zu kochen. Und da ihm nichts anderes übrig blieb, als diese Neue, von der er erst vor ein paar Wochen erfahren hatte, zu akzeptieren, hatte er schließlich ja gesagt. Wie alt deren Kinder waren, hatte ihn nicht die Bohne interessiert. Und auch nicht wo sie wohnen würden. Dass sein Vater sie nebenan einquartieren würde, in Tante Luisas Gartenlaube, hätte er ihm nie zugetraut. Oder doch. Seinem Vater traute er alles zu.

All die Jahre trampelte er auf Bens Gefühlen herum, wieso sollte sich das auch plötzlich ändern. Als sein Vater ihn gebeten hatte, heute Abend für alle zu kochen, und bitte auch Pommes für die Kinder, ging Ben natürlich von zwei jüngeren Kindern aus. Dass es sich um diesen Freak, um diese Emma, handeln könnte und um ihren kleinen Bruder, der alles in ihm wieder in Gang gesetzt hatte, damit hatte er im Leben nicht gerechnet. Seine Halsschlagader pulsierte. Sein Kopf dröhnte. Die Welt konnte so ungerecht sein.

»Ben, wir wären dann soweit«, hörte er seinen Vater fröhlich rufen.

Was mach ich denn jetzt?, dachte Ben angestrengt nach. Schnell sah er nach dem Coq au Vin im Ofen, der gut aussah, mit knuspriger Kruste. Dann schüttete er die Suppe in eine edle Suppenschüssel, zupfte ein wenig Petersilie ab und dekorierte die Suppe damit. Diese Emma sollte ja nicht denken, er könne nicht kochen, oder hätte keinen Sinn für ein hübsch garniertes Essen. Dann schnappte er sich die Suppenschüssel. Er atmete durch, trug sie ins Wohnzimmer, bemühte sich dabei aber, weder Emma noch den Jungen anzusehen. Er stellte die Schüssel mit stoischer Miene auf dem Esstisch ab und wandte sich angespannt an seinen Vater. »Dad, ich muss nochmal los, die Ente steht im Ofen, in circa fünfzehn Minuten ist sie fertig.«

Alle blickten ihn irritiert an.

»Da steht ne Ente im Ofen!?«, fragte Anton entsetzt nach. Emma musste unwillkürlich schmunzeln und ihre Mutter erklärte ihrem Sohn liebevoll, dass die Ente bereits gebraten sei und ganz lecker schmecke. Mit einem Auge registrierte Ben noch, dass diese Mary wirklich hübsch aussah. Wie lieb sie mit ihrem kleinen Sohn sprach. Dann drehte er sich um und verließ das Haus. Die Tür knallte unabsichtlich hinter ihm zu, aber es war ihm egal.

Sein Abgang musste seltsam wirken, aber er hätte es keinen Augenblick länger da drin mehr ausgehalten.

Draußen roch die Luft frisch und Ben atmete erst einmal tief durch. Dann pfiff er nach Sheila. Er hatte ihre Hundehütte in den hinteren Teil des Gartens gestellt. Aber so wie die Lage sich jetzt zuspitzte, würde er sie wieder an ihre alte Stelle setzen. Sollte sie den Kater ruhig vertreiben. Und den Rest der Bagage dazu. Ben spürte die Wut in sich hochsteigen, einzig Sheila, die sofort schwanzwedelnd angerannt kam, brachte ihn wieder ein wenig runter. Der Hund schlabberte ihn liebevoll ab und Ben kniete sich zu ihr und schmuste. »Brav Sheila, guter Hund, du würdest mich nie so reinlegen. Komm...«

Ben rannte los und Sheila hinterher. Immer, wenn ihm alles zu viel wurde, joggte Ben am See. Und da dies relativ häufig vorkam, hatte er stramme Muskeln an den Beinen. Im Sand zu joggen war ziemlich anstrengend, aber für Ben genau das Richtige. Die Sonne ging gerade ganz unter und die Dunkelheit brach an. Sein Vater hatte ihm eigentlich eingebläut, im Dunkeln nicht mehr alleine joggen zu gehen, aber Ben war das jetzt egal. Was konnte ihm schon noch passieren, was mehr schmerzte als das, was er bisher erleben musste.

Nach einer guten Weile, nachdem nicht nur Ben, sondern auch Sheila völlig außer Atem hechelten, hielt er an. Die Hände auf die Knie gestützt, wartete er, bis er wieder Luft bekam. Dann reckte er sich und sah in den Sternenhimmel, der sich wunderschön über ihnen erstreckte. Wie oft hatte er als kleiner Junge in seinem Kinderzimmer an der Dachgaube gestanden und an sie gedacht. Sich ungeliebt gefühlt und alleine. Wie sehr hatte er seinen Vater gehasst, der sich einfach wie ein Igel eingerollt hatte, ohne sich um seinen Sohn intensiv zu kümmern. Dieser Hass hatte sich in seiner Teenager-Zeit noch gesteigert, da Ben mit sich und seinen Gefühlen überhaupt nicht mehr klarkam. Ben zog mit 15 bei seinem Vater aus, zunächst zu seiner Tante in den Ort, doch dort fühlte er sich auch nicht richtig wohl. Sie bemühte sich zwar sehr, hatte aber so viel mit ihren eigenen Kindern zu tun, dass er ihr einfach nicht zur Last fallen wollte. Die Lösung, in die Gartenhütte zu ziehen, schien perfekt. Bis zum heutigen Tag. Nun hatten sie ihm alles versaut. Sein Vater, der ihn vorher nicht um seine Meinung und sein Okay gebeten hatte, und diese Emma mit ihrer Familie, die ihn jetzt schon nervte. Er wollte nicht neben einer Kommilitonin wohnen, erst recht nicht neben einer so seltsamen, der Tochter von Pa's Neuen. Und dann noch dieser kleine Bruder, der ihn ständig an sich und an früher erinnerte. An die schlimmste Zeit seines Lebens, die aus ihm einen verstörten Teenager ohne jedes Selbstwertgefühl gemacht hatte. Er wollte nicht tagtäglich daran erinnert werden und seine Sheila wollte er auch nicht ständig anleinen müssen. Wegen deren dämlichem Kater. Ben stauchte mit dem Fuß wütend in den Sand. Aber es half alles nichts. Er wusste zu gut, dass sein Vater wieder einmal der Überlegene bleiben würde. Er, den die Gefühle der anderen nicht interessierten.

Bens Weg führte ihn an der Strandbar vorbei, weiter zu dem alten Ruderboot aus Holz, in das er sich schon so oft zurückgezogen hatte. Eine aufgeblasene Luftmatratze lag heute darin und Ben beschloss, mit Sheila als Kuscheldecke, die Nacht hier zu verbringen. Vermissen würde ihn eh keiner.

***

Emma stand traurig am Fenster ihres neuen, kleinen Zimmers und sah in die Nacht hinaus, in den Sternenhimmel, der so wunderschön glitzerte. Es war also doch nicht Schicksal gewesen, dass sie Ben so oft wie zufällig begegnete, sondern alles rein logisch erklärbar. Auch weshalb Werner ihr einen Platz in dem Blockseminar verschaffen konnte. Das Puzzle ergab einen Sinn. Das Rätsel der vielen Zufälle war gelöst.
Anton, im Stockbett oben, schlief bereits und murmelte im Schlaf. Emma sah aus dem Fenster. Wie hell die Sterne funkelten. Sie dachte an Bens Verschwinden, fühlte sich schuldig und machte sich große Sorgen. Auch wenn dieser Werner gesagt hatte, dass Ben schon wieder zurückkommen würde. Er sei schon öfter abgehauen und er liefe ihm nicht mehr hinterher. Wie herzlos, hatte sie alarmiert gedacht. Was, wenn er auch so zu ihrer

Mutter werden würde? Irgendwann, wenn die ersten Schmetterlinge verflogen sein würden? Emma hatte es schon so oft beobachtet, bei einem jeden Freund ihrer Mutter. Die ersten paar Monate trugen sie ihre Mary noch auf Händen, aber dann, wenn der Alltag einkehrte, flippten sie aus, wurden Machos oder mutierten zu wortkargen Fernsehglotzern. Emma hatte das Gefühl, schon alles erlebt zu haben. Bescheid zu wissen, über das Leben und die Liebe. Zum kleinen Teil auch durch ihre kurzen Beziehungen, die jedes Mal so niederschmetternd endeten. Darum und vor allem seit Moms letztem Freund, war das Thema Liebe für sie erledigt. Emma zitterte bei dem Gedanken an Moms letzten Freund und die Bilder wollten sich wieder in ihr Gehirn schleichen. Immer nachts, wenn es dunkel wurde. Solange sie wach lag, konnte sie, wie es sie diese Therapeutin gelehrt hatte, die schlimmen Gedanken in einen imaginären Tresor sperren. Und den Schlüssel verstecken. Doch im schläfrigen Zustand oder nachts in ihren Träumen, hielt der ausgedachte Tresor nicht das, was er versprach. Deshalb versuchte Emma seitdem immer möglichst lange wachzubleiben, möglichst nicht zu schlafen. Vor ihrer Mom, die immer wieder nach ihr sah, tat sie dann so, als schliefe sie bereits. Emma blickte traurig in den Himmel. Da hörte sie, dass ihre Mom im Anmarsch zu sein schien, legte sich schnell ins Bett und stellte sich schlafend.

Als Mary wieder verschwunden war und den Geräuschen nach selbst ins Bett ging, wartete Emma noch ein paar Minuten, kletterte dann durchs Fenster und rannte los.

Sie wusste nicht wohin und hatte im Dunkeln fürchterliche Angst, aber sie musste nach Ben suchen, denn sie plagte so ein ungutes Gefühl. Sie schlich sich zunächst in seinen Garten, sah nach, ob der Hund in der Hütte schlief. Aber tatsächlich war Sheila weg und in Bens Gartenhütte brannte kein Licht.

Emma blickte erneut in den Himmel, schloss die Augen und dachte nach. Sie kannte Ben so gut wie gar nicht, aber sie hatte eine wage Vermutung, wo er sein könnte. Am See vielleicht, wo sonst?

Emma rannte los, auch wenn ihre Angst hier im Dunkeln, grenzenlos schien. Deshalb rannte sie immer schneller und schneller und kam völlig außer Atem an der Strandbar an.

Der Mond schien zum Glück recht hell und tauchte die Bar in ein schönes Licht. Emma sah sich ängstlich um. Sie war hier ganz alleine, was tat sie da nur?! Was, wenn irgendein Betrunkener auftauchte, oder ein anderer Mann? Es fühlte sich plötzlich an, als sei sie im Halbschlaf hierhergelaufen. Nicht mehr Herrin ihrer Sinne, und als sei sie jetzt plötzlich hellwach. Panisch sah sie sich um, wagte weder im Dunkeln zurück zu gehen, noch einen einzigen Schritt weiter zu tun.

Da rannte aus dem Dunkeln eine kleine Gestalt auf sie zu. Emmas Herz setzte aus. Sie stand stocksteif da, nicht fähig, sich zu bewegen, noch zu schreien. Sie erkannte den Hund, den Hund von Ben. Ein riesiger Stein der Erleichterung plumpste ihr vom Herzen. »Hey, da bist du ja«, sagte sie leise zu ihm, und streichelte ihn am Kopf. Der Hund freute sich, sie zu sehen, als wären sie die besten Freunde. Er wedelte mit dem Schwanz. Wie gut es tat, ihn hier zu treffen. Und sofort fiel ihr ein, dass Ben dann vermutlich auch nicht weit sein konnte. »Wo ist denn dein Herrchen?«, fragte sie ihn. »Los, such das Herrchen.« Sofort rannte der Hund zurück in die Dunkelheit und Emma stolperte aufgeregt hinterher.

Bei einem alten Holzboot am See hielt er an und deutete mit seiner Schnauze hinein. Tatsächlich. Dort lag Ben und schlief. Sein Gesicht sah schön aus, so friedlich und ruhig. Emma überlegte, ob sie ihn wecken sollte, doch das erledigte bereits sein Hund. Er schlabberte ihn an der herunterhängenden Hand an und Ben schlug sofort seine Augen auf. Als er Emma erblickte, setzte er sich sofort mürrisch auf. »Was soll das? Was schleichst du mir nach? Noch dazu im

Schlafanzug?«

Erst jetzt registrierte Emma, dass sie ihren grün geblümten Schlafanzug trug, sah beschämt an sich herunter und stotterte etwas herum. »Ich... ich hab mir einfach Sorgen um dich gemacht.«

Fassungslos und ungläubig sah er sie an. »Du? Um mich?«

»Äh ja. Weil du wegen mir abgehauen bist... ich meine... denke ich zumindest.«

»Da denkst du falsch«, antwortete er ruppig. Er fuhr sich mit den Händen durchs Haar, starrte auf den See.

Emma schluckte, sie fühlte sich unsäglich fehl am Platze.

»Naja, dann ist ja gut. Aber dein Vater hat gesagt, du wirst schon wieder kommen und das fand ich irgendwie ... ich weiß auch nicht ...«

»Pffh, mein Vater«, entfuhr es ihm. Alarmiert sah Emma ihn an. Sie musste wissen, was er damit sagen wollte, denn schließlich ging es um das Glück ihrer Mutter.

Sie dachte nach, beugte sich zu dem Hund und streichelte ihn. »Wie heißt nochmal dein Hund?«

»Sheila.«

»Ah ja, Sheila, schöner Name. Sowieso ein echt toller Hund. Auch wenn ich eher der Katzentyp bin.«

»Schon klar.«

Sie spürte, er wollte alleine sein. Aber sie musste mehr erfahren. Über diesen Werner. Auch um sich selbst zu schützen.

Drum setzte sie sich einfach in den Sand, tat so, als spiele sie mit Sheila, und versuchte währenddessen, Ben geschickt auszufragen.

»Dein Vater mag hoffentlich auch Katzen, oder?«, fing sie mittelgeschickt an.

»Der? Keine Ahnung.«

»Wie, deinen Hund mag er aber schon, oder?«

»Geht so.«

Verwirrt dachte sie nach. Das Verhältnis zu seinem Vater schien wirklich nicht das Beste zu sein. Warum nur?

»Du bist ja nicht besonders gut auf deinen Vater zu sprechen«, wagte sie sich vor.

Ben blickte sie ernst an, schüttelte nur den Kopf, sagte nichts. Was ging in ihm vor? Seine Augen funkelten verletzt, irgendeinen großen Schmerz konnte sie darin erkennen. Aber was war geschehen?

»Und wieso nicht?«

»Du lässt wohl nie locker?«

»Ähm, selten. Und immerhin ist dein Vater jetzt der neue Freund meiner Mutter und da geht es mich ja schon was an, was für ein Typ er ist«, sprudelte es plötzlich aus ihr heraus.

Ben sah sie erstaunt an und nickte nachdenklich.

»Also wenn du mich vorher gefragt hättest, ich hätte ihr abgeraten.«

Oh nein. Auch das noch. Er schien kein guter Mensch zu sein, dieser Werner, Emma hatte es schon fast befürchtet. Aber da sie im Moment in jedem Mann einen Mistkerl sah, hatte sie versucht, das als schlichte Einbildung abzutun.

»Das hab ich befürchtet«, rutschte ihr heraus.

»Ah ja? Wieso?«

»Weil, ach... das ist mein eigener Film.«

Jetzt schien Ben neugierig geworden zu sein.

»Wieso, was meinst du damit? Dein eigener Film?«

»Ach nichts.« Emma starrte aufgewühlt auf den See. Der Hund legte sich ihr zu Füßen und wärmte ihre Füße, die inzwischen recht kalt und klamm geworden waren. Erst jetzt wurde ihr klar, dass sie barfuß losgerannt war, ohne Schuhe. Was war nur in sie gefahren?

»Und wieso ... ich meine, wieso hättest du Mom von ihm abgeraten?«, fragte sie nun leise und mit belegter Stimme.

Ben zögerte, platzte dann aber heraus. »Weil er eiskalt sein kann, weil er ein Arsch ist.«

Emma schluckte schockiert. Ihr Mund fühlte sich staubtrocken an. Sie versuchte, ihre Gedanken zu sortieren, musste es wissen und hakte mit zitternder Stimme nach: »Was ... was ist eigentlich mit deiner Mom? War er auch so zu ihr?«

Ben kaute traurig auf seiner Unterlippe, nickte und flüsterte. »Er hat sie aus dem Haus getrieben. Nur er.«

Erschüttert sah Emma ihn an. Ihre Finger zitterten nun auch. So schlimm hatte sie es sich nicht vorgestellt. Der Hund schien zu spüren, wie es ihr ging. Er rutschte etwas näher und winselte. Am liebsten würde sie mitwinseln. Was sollte sie denn jetzt nur tun? Sie musste ihre Mom vor diesem Werner bewahren. Ihre Mom, die so glücklich und bis über beide Ohren verliebt aussah, die ihr kein Wort glauben würde.

»Und ... wieso ... ich meine, warum hat er das denn getan? Deine Mom aus dem Haus getrieben?«

Ben schluckte schwer und sagte nach einer kurzen Pause mit tonloser Stimme. »Was weiß denn ich. Weil er ein Idiot ist. Ich war noch ein Kind.«

»Wo ist denn jetzt deine Ma?«

»Keine Ahnung.«

Fassungslos blickte Emma ihn an. »Wie, keine Ahnung?«

Verletzt starrte Ben vor sich hin. »Ich habe seit Jahren nichts mehr von ihr gehört. Seit ich sieben war.«

Bens Miene verriet seinen Schmerz, Emmas Herz zog sich zusammen. Eine Welle des Mitleids überflutete sie. Wie schrecklich. Seine Mutter so lange nicht mehr zu sehen. Er war damals fast so alt wie Anton jetzt. Emma fröstelte. Auch wenn sie ihren Vater nicht kannte. Es war etwas anderes, von einer Mutter mit sieben Jahren verlassen zu werden, als einen Vater nicht zu kennen. »Das tut mir so leid«, entfuhr es ihr.

»Das muss es nicht. Ich komm damit klar.«

Aber es war ihm anzusehen, dass er nicht gut klarkam damit, wie auch.

»Hast du diese Sternenformation schon mal gesehen?«, lenkte er mit belegter Stimme ab. Er wirkte selbst überrascht, dass er diesem fremden Mädchen all das erzählt hatte. Es schien ihm plötzlich äußerst unangenehm.

Emma folgte seinem Blick nach oben. Die Sterne funkelten und Ben fing an, ihr den großen Wagen zu zeigen und andere Sternbilder zu erklären. Aufmerksam hörte sie ihm zu. Dabei blickte sie ihn an und sah plötzlich nicht mehr den arroganten Schönling in ihm, sondern einen zutiefst verletzten jungen Mann. Ihm ging es ähnlich mit seinen Gefühlen wie ihr, durchfuhr es Emma. Auch sie versuchte, sie zu verdrängen, tief in sich zu verschließen, doch so richtig gelang es nicht.

Während Ben über Sterne und Sternkonstellationen sprach, dachte Emma angestrengt nach. Sie musste Mom warnen vor diesem Werner. Bloß wie?

»Begleitest du mich bitte zurück?«, platzte es aus

ihr heraus, gerade als Ben ihr die Milchstraße erklären wollte. Er sah sie nur an, zögerte einen Moment, sprang dann aber auf und ging mit Sheila eilig vor. Emma hastete in ihrem Pyjama barfuß hinterher.

Dabei sagten beide kein Wort. Sheila rannte ihnen ständig zwischen die Beine und so musste Emma immer mal wieder zu ihm rüber schauen. Das Mondlicht schien. Vermutlich sah sie wirklich strange aus in ihrem geblümten Schlafanzug, barfuß, mit offenen, vom Wind zerzausten Haaren. Aber es war ihr egal.

Endlich kamen sie vor ihren Hütten an. Ihre Verabschiedung fiel knapp aus, um genau zu sein, sagten beide nur »Gute Nacht«.

4. Kapitel

»Mom, bitte, du musst mir glauben. Werner ist leider nicht so nett, wie du denkst.« Emma saß mit ihrer Mutter, die im Nachthemd auf sie gewartet hatte, mitten in der Nacht auf der Terrasse. Mom hatte gemerkt, dass Emma abgehauen war und sich große Sorgen gemacht. Beide schlürften eine große heiße Tasse Tee. Emma hatte versucht, es vorsichtig zu formulieren, doch dafür war sie viel zu aufgewühlt. Sie hatte Mary alles erzählt. Über Ben, der ohne Mutter aufwachsen musste, über dessen Vater Werner, der sich kaum um ihn kümmerte und der ein Idiot zu sein schien. Ihre Mom hatte sich das alles blass angehört, schüttelte jetzt sauer den Kopf. »Emma, du kennst Werner doch überhaupt nicht. Und diese Frau genauso wenig. Nur weil sein Sohn einen Brass auf ihn hat, muss Werner doch kein schlechter Kerl sein. Wer weiß, was da alles dahintersteckt.«

»Naja, nur ein Brass ist ja wohl etwas anderes. So wie Ben klang, hat Werner sich die Jahre, nachdem seine Mutter weg war, überhaupt nicht um ihn gekümmert.«

»Ach das glaubst du doch selbst nicht. Also ich weiß, wie schwer es ist, alleine Kinder durchzukriegen. Er hatte eben auch einen Job und

konnte seine Kanzlei nicht vernachlässigen.«
»Aber seinen kleinen Sohn schon. Ben war damals fast so alt wie Anton jetzt.« Emmas Stimme zitterte. »Werner hat mir erzählt, dass Ben ziemlich schwierig war damals, dass er nicht an ihn rankam. Und dass es für ihn eine furchtbare Zeit war und er sehr gelitten hat, dass der Junge nicht mehr gesprochen hat. Wochenlang.« Sie seufzte. »Emma, ich weiß, wie es ist, wenn man sein Kind todunglücklich sieht und wenn man sich machtlos fühlt und nichts dagegen tun kann.«
Bestürzt sah Emma, wie sich Tränen in den Augen ihrer Mutter bildeten. Sofort entschuldigte sich Emma, es tat ihr unendlich leid. »Oh nein, Mom, bitte nicht. Vielleicht ist Werner ja auch doch ganz toll. Aber was ich meine ist einfach, wir kennen ihn viel zu wenig. Ich will doch nur, dass du nicht wieder enttäuschst wirst und leidest. Dass du diesmal vorher länger genauer hinsiehst.«
Die beiden sahen sich liebevoll an. »Das tue ich. Danke, mein Schatz, dass du dich so um mich sorgst.« Vorsichtig fügte sie hinzu. »Aber es ist auch an der Zeit, dass du dich um dich sorgst, dass es dir endlich wieder gut geht, meine ich. Man muss nach vorne schauen, die Vergangenheit kannst du leider niemals rückgängig machen und ich auch nicht, so gerne ich es täte.«
Emma schluckte. »Du hast vollkommen Recht. Es

ist höchste Zeit. Aber ...«, verzweifelt brach es aus Emma heraus: »Ich weiß einfach nicht wie ...«
»Sschsch«, machte ihre Mutter, stellte ihre Tasse ab, stand rasch auf und nahm Emma liebevoll in den Arm. »Es ist gut, es wird alles gut.«
In dem Moment sprang ein haariges Etwas aus dem Dunkeln auf Emmas Schoß. Emma und ihre Mom erschreckten sich zu Tode, schrien gleichzeitig auf, Emmas Tasse voller Tee fiel klirrend zu Boden. Dann lachten sie, da sie Bijoux in der nächsten Sekunde natürlich sofort erkannt hatten. »Na du kleines Wollknäuel, das machst du aber nicht noch einmal.«
»Genau. Uns so einen Schrecken einjagen.«
Ihre Mutter fuhr Bijoux übers Fell und gab Emma einen Kuss auf die Stirn.
»Weißt du, ich muss auf mich selbst aufpassen, ich bin schon erwachsen. Auch wenn ich mich nicht so fühle« Sie lächelte. Emma lächelte nun auch und nickte.
»Werner will mich morgen nach der Arbeit an der Strandbar abholen. Er will uns mit seinem Auto die Gegend zeigen und hat wohl noch irgendeine Überraschung für uns geplant. Kommst du mit Anton nach der Schule und Uni zur Strandbar? Findest du den Weg?«
Emmas Hals schnürte sich zusammen bei dem Gedanken, so nah mit Werner in dessen Auto zu

sitzen. Aber sie versuchte, normal zu klingen.
»Klar.« Um noch etwas Nettes zu sagen, fügte sie an: »Nett von Werner.«
»Finde ich auch. Weißt du was, wir schlafen jetzt endlich. Ich hab mir ja solche Sorgen gemacht, als ich gesehen hab, dass du weg bist, und morgen sieht die Welt wieder ganz anders aus.«
»Ganz bestimmt«, sagte Emma, aber sie zweifelte insgeheim daran.
»Komm, wir gehen jetzt endlich ins Bett.«

Emma lag noch lange wach und beobachtete die Eisenverstrebungen des Bettes über sich. Hatte ihre Mom vielleicht Recht? Hatte sie sich von diesem Ben einen Floh ins Ohr setzen lassen? Von einem Typen, der laut seinem Vater schon immer schwirig war? Aber die Frage blieb ja, warum Ben sich so verhielt? Emmas Skepsis gegenüber Werner hatte sich in ihr festgesetzt und so schlief sie unruhig ein.

Den nächsten Unitag beging sie mit Herzrasen, suchte den Campus immer wieder nach Ben ab. Doch zum Glück begegnete sie ihm heute nicht. Nachdem der Tag überstanden war, holte sie Anton aus seiner Grundschule am Müggelsee ab.
»Hi, Anton, komm, Werner hat eine Überraschung für uns«, begrüßte sie ihn.

»Echt? Cool. Was denn für eine?«
»Keine Ahnung. Wenn ich es wüsste, wäre es ja keine Überraschung mehr.«
»Menno, ich will`s aber wissen.«
»Na dann beeil dich.«
»Vielleicht was von Lego Chima?«, überlegte der Kleine, doch Emma schüttelte lachend den Kopf.
»Ganz bestimmt nicht. Vielleicht ein Eis essen gehen oder so.«
Sie wollte seine Erwartungen nicht zu hoch schrauben. Er sollte nicht enttäuscht werden von diesem Werner. Und wenn Werner ihnen kein Eis spendierte, würde sie ihrem Bruder eines kaufen, beschloss sie.

Ihre Mom hatte sich wieder besonders hübsch zurechtgemacht. Ihren pink-roten Lippenstift nachgezogen, die blonden Haare mit einem Kamm zurückgesteckt. Sie hatte ihre Schicht bereits dem jungen Barkeeper übergeben, stand wartend an der Strandbar und begrüßte Emma und Anton freudig.
»Da seid ihr ja, wie war die Schule, Anton?«
»Gut«, antwortete Anton, der nie mehr zur Schule sagte. Emma hatte das Gefühl, dass er sich nicht so schwer tat wie sie, in einer neuen Klassengemeinschaft anzukommen. Aber wer wusste es schon, was in diesem kleinen Kerl so wirklich vor sich ging. Emma stellte sich vor, wie

schwierig es erst wäre, aus einem Jungen in Antons Alter mehr herauszubekommen, wenn der etwas Schreckliches erlebt hätte. Über Gefühle konnte man in diesem Alter doch noch überhaupt nicht sprechen. Kein Wunder schaffte es Ben damals nicht.
»Und bei dir Emma?«, hörte sie ihre Mom.
»Was?«
»Na in der Uni?«
»Ach so. Ja, ganz okay«, erwiderte Emma ausweichend. Dass es sie viel Kraft und Überwindung gekostet hatte, in ihre Vorlesungen und Seminare zu gehen, wollte sie ihrer Mutter jetzt nicht sagen. Emma hatte es sich zur Angewohnheit gemacht, die Pausen mit ihren Büchern zu verbringen. So stand sie nie alleine auf dem Hof oder sonst wo herum, den Blicken der anderen ausgesetzt.«
Mom sah sie mitleidig und ein bisschen schuldbewusst an.
»Wo ist denn Werner?«, lenkte Emma ab.
»Er verspätet sich wohl ein wenig«, erwiderte ihre Mutter bemüht lächelnd.
»Was? Das heißt, er hat noch nicht mal eine Nachricht geschrieben, dass er später kommt?«, hakte Emma alarmiert nach.
Unwohl nickte ihre Mutter. »Er hat bestimmt noch einen Mandanten ... oder so.«

Emma schluckte. »Oder so.« Sie konnte die Enttäuschung in Moms Gesicht erkennen, auch wenn diese versuchte, sie zu überspielen. Emma wusste, es tat ihr weh. Sehr weh sogar. Wie konnte er ihr das antun? Hatte Ben Recht mit seinen Anschuldigungen?

»Wollt ihr solange etwas trinken?«

»Au ja, ne Cola.« Anton freute sich. Doch dann fragte auch er nach. »Aber die Überraschung kriegen wir schon noch, oder?«

»Ganz bestimmt.«

Nach ungefähr einer dreiviertel Stunde fuhr Werners Wagen endlich vor der Strandbar vor. Ein schwarzer großer Audi. Er passte so gar nicht zu Mom. Werner, im Anzug, stieg kleinlaut aus und entschuldigte sich hundertmal bei Mary und auch bei Emma und Anton.

»Ich hab die Zeit total verschwitzt. Eine anstrengende Mandantin, mein Handy war auf lautlos gestellt und dann wollte ich euch, als ich im Auto saß, anrufen. Und dann war auch noch der Akku alle ...«

»Aber das Kabel vom Navi, das passt doch meistens«, hakte Emma argwöhnisch nach.

Werner horchte auf, verstand ihren Blick und schüttelte den Kopf. »Ich hab ein eingebautes Navi, da ist kein Kabel.«

»Ach so.« Emmas Magen zog sich zusammen, ihre

Fäuste ballten sich unwillkürlich. Diese Verkettung von seltsamen Umständen sollte sie ihm wirklich abnehmen?

»Emma, es ist gut. Das kann doch mal vorkommen.« Mom lächelte ihn entschuldigend an. Erleichtert küsste Werner seine Mary und bat die Drei in sein Auto auf eine kleine Rundfahrt durch Berlin.

»Und wo ist die Überraschung?«, konnte sich Anton nicht verkneifen.

»Überraschung?«, fragte Werner blass. »Autsch, die hab ich auch vergessen.«

Anton machte ein langes Gesicht und Emma fühlte sich erneut bestätigt. Sie tröstete ihren kleinen Bruder schnell: »Dann kriegst du ein Eis von mir, Anton, kein Problem.«

»Und eine Zusatzüberraschung von mir«, fügte Werner schlechtgewissig hinzu. »Was müsst ihr jetzt von mir denken. Das tut mir alles so leid. Ich fürchte, ich bin es einfach nicht mehr gewohnt, an eine ganze Familie zu denken. Ben ist schon so groß und selbständig … Ich hoffe, ihr seht es mir nach?«

»Natürlich mein Schatz«, beeilte sich Mom zu sagen und warf Emma einen bittenden Blick zu. Die biss sich auf die Zunge, aber in ihr brodelte es.

Werner fuhr mit ihnen nach Mitte, zeigte ihnen den Gendarmenmarkt, wo Anton sein Eis bekam. Weiter ging es zum Hackeschen Markt, in die Neue

Schönhauser Straße, in der es viele hippe Läden gab. »Hier kannst du mal shoppen gehen«, wandte sich Werner an Emma. Da findest du richtig angesagte Sachen.«

Emma starrte ihn missmutig an. Sah sie etwa aus wie ein hippes Modepüppchen? »Ich geh nicht shoppen«, antwortete sie ihm nur knapp.

»Wie, du gehst nicht shoppen? Das macht doch jede junge Frau.«

»Ich bin aber nicht wie Jede«, erwiderte sie kühl.

Ihre Mom versuchte, die Stimmung aufzuheitern. »Aber ich gehe gerne shoppen. Zu gerne manchmal.« Sie lachte, aber es klang bemüht.

Als Emma ihren traurigen, bittenden Blick sah, riss sie sich zusammen. Und wider Erwarten wurde der Spätnachmittag dann doch noch recht nett. Werner zeigte ihnen das Brandenburger Tor, den Fernsehturm und blödelte immer mehr mit Anton herum. Die Zwei schienen auf einer Wellenlänge zu sein und auch zu seiner Mary war er lustig und zuvorkommend. Seltsam, dachte Emma. Mit einem Wildfremden Achtjährigen kommt er gut klar, aber mit seinem eigenen Sohn damals nicht.

Emma traute diesem Mann immer noch nicht über den Weg, wie sie keinem Mann mehr traute, seit damals. Der Schein trog so oft. Und sie konnte Bens Satz, dass sein Vater seine Mutter aus dem Haus getrieben hatte, einfach nicht vergessen. Wieso hatte er das getan? Einer Mutter das Kind wegzunehmen? Sie es nicht einmal mehr besuchen zu lassen? Denn schließlich gab es ja keinen Kontakt mehr zu ihr. Etwas Gemeineres konnte sich Emma kaum vorstellen. Wie sehr musste seine Ex-Frau gelitten haben, bestimmt war sie daran zerbrochen.

»Emma? Was meinst du dazu?«, fragte Werner sie gerade lächelnd.

»Äh zu was?« Sie hatte nicht zugehört.

»Na, wollen wir noch Pizza essen gehen, oder lieber asiatisch?«

»Keine Ahnung, mir egal«, sagte sie nur und fügte dann hinzu: »Also Anton mag lieber Pizza, ist schon okay für mich.«

»Ich will aber nicht nur, dass es okay für dich ist, sondern dass du auch glücklich bist beim Essen.«

Emma zuckte überfordert die Schultern. »Mir echt egal.«

So gingen sie noch Pizza essen. Emma spürte immer wieder Werners Blick von der Seite. Konnte er sie nicht einfach in Ruhe lassen? Unwillkürlich rückte sie etwas von ihm ab. Ihre Hände zitterten.

Mom schien es zu bemerken und beendete den Abend bemüht fröhlich. »Ganz lieben Dank für diesen schönen Abend, Werner, aber wir müssen morgen alle früh wieder raus.«

»Natürlich. Ich zahle rasch und fahre euch nach

Hause. Wenn die beiden im Bett sind, können wir ja noch auf der Veranda bei mir ein Glas Rotwein trinken, was meinst du?«

»Sehr gerne.«

»Ach Emma, ich kann dich morgen übrigens mit in die Uni nehmen. Ich habe einen Termin mit einem Mandanten in der Nähe von deinem Institut.«

Ihre Schläfen pochten. »In deinem Auto?«

»Ja klar, wie sonst? Dann kannst du eine halbe Stunde länger schlafen.«

Erschrocken schüttelte sie den Kopf. Mit ihm alleine im Auto. Allein die Vorstellung. »Danke, aber ich fahre gerne mit der S-Bahn, das ist kein Problem für mich.«

»Für mich auch nicht. Wirklich. Komm, ich hol dich ab, dann zeig ich dir noch was von Berlin.«

Emma merkte, auch als sie den Blick ihrer Mutter sah, dass sie nicht nein sagen konnte. Sie nickte also.

»Das ist ja nett«, sagte ihre Mutter sofort erleichtert.

»Dann sei aber bitte pünktlich, ich will nicht zu spät zu meinem Seminar kommen«, konnte sich Emma nicht verkneifen.

»Emma«, rügte ihre Mutter sie lieb.

»Schon gut, Mary, sie hat ja Recht. Bis jetzt habe ich bei euch noch keine Pluspunkte durch Pünktlichkeit sammeln können. Eher im

Gegenteil.« Er wirkte geknickt.

Am nächsten Morgen saß Emma angespannt neben diesem Mann, in den sich ihre Mutter verliebt hatte. Ihre erste große Liebe, wie romantisch. Emma betrachtete ihn heimlich von der Seite und konnte nicht verstehen, was Mom an ihm fand. Sicher, hässlich sah er nicht aus, aber besonders attraktiv, so wie ihre letzten Freunde, auch nicht. Mom hatte ein Händchen dafür gehabt, sich hübsche, muskulöse Männer zuzulegen. Machos, die sich spätestens nach drei, vier Monaten als solche entpuppten. Emma bemühte sich, nicht wieder an Früher zu denken. Nach Vorne schauen wollte sie nur noch, wie sie es ihrer Mutter versprochen hatte. Und sich selbst. Doch was sie dort sah, jagte ihr ebenso Angst ein. Ein Leben mit Werner als Stiefvater, mit diesem seltsamen Ben, der sie behandelte, als habe sie einen widerlichen Hautausschlag. Emma fühlte sich elend.
Da half nicht einmal, dass ihr Werner die Stadt zeigte. Die Hauptstadt, Berlin, die coole, sexy Stadt, wie man sie gerne betitulierte. Emma gefiel zwar, was sie sah, aber sie fühlte sich hier einfach fehl am Platze. Junge, hippe Leute in trendigen, schrägen Klamotten liefen durch Mitte, als kämen sie gerade direkt von der Fashion week.

»Ich bin mir sicher, es wird dir hier bald gefallen.«
»Woher willst du das wissen?«
»Weil du ungewöhnlich bist.«
Wie bitte? Beleidigte der Kerl sie jetzt auch noch?
»Ich meine das nicht als Beleidigung«, fügte er hinzu. »Eher im Gegenteil.«
»Aha«, sagte sie nur. Also als Kompliment? Flirtete er mit ihr?!
Er lächelte sie von der Seite kurz an. »Kennst du den Spruch nicht: Du bist verrückt mein Kind, du musst nach Berlin. Mary passt auch gut hierher.« Er lachte. Ein tiefes, sonores Lachen.
Emma sagte nichts dazu. Was sollte das? Verwirrt starrte sie demonstrativ aus dem Fenster.
Und irgendwie gefiel ihr tatsächlich immer mehr, was sie sah. Auch wenn die Häuserschluchten eng schienen, die Enge des Dorfes, in dem sie zuvor wohnten, fühlte sich beklemmender an. Hier in dieser Stadt konnte man atmen, hier konnte man so sein, wie man wollte. Anscheinend. Ob es wirklich stimmte, würde sich herausstellen.
Werner fuhr mit seinem schwarzen, chicen Audi direkt vor ihrem Institut vor. Emma hatte ihm zwar gesagt, dass er sie an der Ecke rauslassen könne, doch es regnete gerade ein wenig. Werner hatte es sich nicht nehmen lassen, sie vorzufahren.
Peinlich berührt schloss Emma für einen Moment die Augen. Hoffentlich sahen ihre Kommilitonen

sie jetzt nicht. Da sie deren Gesichter noch nicht so gut kannte, konnte sie es nicht einschätzen.
Sobald der Wagen stand, öffnete sie rasch die Tür. »Tschüss Werner und danke.« Und schon stieg sie aus. Doch der Henkel ihrer Tasche verhakte sich und Emma fiel fast hin. Sie berappelte sich gerade noch, aber ein eleganter Auftritt sah anders aus.
Emma hatte es geschafft, den Henkel vom Gurt zu entheddern, sah auf und erkannte ausgerechnet Ben. Der schloss angespannt sein Fahrrad ab, sah sauer zu ihr herüber.
»Grüß dich Ben«, rief Werner mit heruntergelassenem Fenster. »Euch beiden einen schönen Tag.«
Emma wäre am liebsten im Erdboden versunken, aber es tat sich einfach kein Loch auf. Sie sah, wie Ben ihr einen verletzten, wütenden Blick zuwarf und dann eiligen Schrittes ins Institut hineinging. Dabei traf er die Jungs aus seiner Clique, klatschte sie, wie es ihre Art war, ab und eilte weiter.
Emma starrte ihm wütend über sich selbst hinterher. Hatte sie sich zu sehr einlullen lassen? Gab es nicht genug Hinweise, dass Werner ihre Mom nicht glücklich machen würde? Ein Anwalt mit viel Geld. Der passte doch überhaupt nicht zu ihnen. Für den Bruchteil einer Sekunde erinnerte sich Emma an den Film »Pretty Woman«. Daran, dass Julia Roberts in dem Film anfangs auch nicht

zu Richard Gere passte. Denn irgendwie erinnerten sie ihre Mom und dieser Werner an dieses Paar. Aber irgendwann passte es dann doch, weil sie sich liebten, weil Liebe alle Hindernisse überwand. Aber nicht im wahren Leben, schalt sie sich sofort wieder. Im echten Leben gab es das nicht. Da scheiterte eine Liebe an Standesunterschieden, da war nicht am Ende alles happy rosa und schön. Bis an ihr Lebensende. Das gab es in ihren Liebesromanen, aber nicht in ihrem Leben. Aufgewühlt ging Emma weiter. Gleich musste sie wieder neben Ben sitzen und seine offensichtliche Ablehnung ertragen.

Nervös betrat sie das kühle Institutsgebäude. Sie mussten hier weg. Werner passte nicht zu Mom und Unis gab es auch wo anders in Deutschland.

Sie musste etwas tun. Nur was?

***

Ben saß an seinem Platz und schob wütend Papier und Stifte von links nach rechts, das Seminar hatte noch nicht begonnen. In ihm arbeitete es. Wieso ließ sich diese Emma jetzt auch noch von seinem Pa in die Uni chauffieren? Hatte er sich in ihr getäuscht? Sie kam ihm eigentlich nicht vor, wie eine dieser verwöhnten Frauen, die sich von vorne bis hinten hofieren ließen. Aber offenbar schien sie doch so eine zu sein. Vermutlich war ihre Mutter auch nur auf Dads Geld aus. Von ihm aus. Werners Geld war ihm sowas von scheißegal. Aber dass er sich die Zeit nahm, Emma am frühen Morgen in die Uni zu fahren! Das hatte er ja nicht einmal bei ihm damals gemacht, in die Grundschule. Als es Ben so schlecht ging, als er ihn so dringend gebraucht hätte, damals mit sieben. »Du kannst doch mit dem Fahrrad fahren«, hatte sein Dad gesagt. »Du bist doch schon fast acht.« Ben wusste es noch wie heute. Denn es regnete in Strömen und er hatte die ganze Nacht geweint. Seine Mutter hätte ihn bei diesem Wetter auf jeden Fall mit dem Wagen gefahren. Aber sein Vater hatte einen frühen Termin in der Kanzlei, also keine Zeit für ihn. »Ich darf jetzt nicht die Kanzlei schleifen lassen«, hatte er nur gesagt. Aber deinen Sohn schon, hatte sich Ben damals gedacht, daran erinnerte er sich noch wie heute.

»Sag mal, Ben, war das vorher nicht das Auto deines Dads, aus dem die Neue ausgestiegen ist?«, erkundigte sich jetzt auch noch Hannah neugierig bei ihm.

»Was? So'n Quatsch«, brummelte er nur zurück. Bis jetzt wusste keiner aus der Clique, dass Emma die Tochter der neuen Flamme seines Dads war. Auch nicht, dass sie deshalb neben ihm wohnte.

Ben wollte es nicht, dass irgendeiner davon erfuhr.
Er musste es dieser Emma unbedingt einbläuen.
Da kam sie auch schon zur Tür herein.
Ben blickte sie extra nicht an, als sie sich neben ihn an den Zweiertisch setzte. Aber er roch ihren blumigen, zarten Geruch. Sie duftete nicht nach Parfüm, wie die anderen Mädchen alle, sondern ganz eigen, aber gut. Im selben Moment ärgerte er sich über sich selbst. Was ließ er sich von ihrem Geruch beeindrucken? Vermutlich ging es seinem Pa mit ihrer Ma genauso. Aber nicht mit ihm. So einfach gestrickt war er nicht.
Sie kramte ewig ihre Hefte zurecht und Ben bemerkte, wie er immer angespannter wurde. Er spürte ihren Blick, der von der Seite immer wieder auf ihm ruhte. Konnte sie ihn nicht einfach in Ruhe lassen?
»Kann ich nachher nochmal mit dir sprechen?«, flüsterte sie, obwohl das Seminar bereits angefangen hatte.
»Lass mich einfach in Ruhe«, flüsterte er unwirsch zurück. Aber er ahnte, dass sie nicht locker lassen würde. Sie nicht. Er ärgerte sich über sich selbst. Denn er hatte ihr gestern Nacht am Strand eindeutig zu viel erzählt. Bisher hatte er noch mit keiner Frau über seine Mutter gesprochen. Und jetzt ausgerechnet mit diesem Freak. Aber sie hatte es ihm irgendwie angesehen, dass ihn etwas

beschäftigte. Etwas, das ihn tief verwundet hatte. Den anderen Mädchen konnte er den coolen Typen vorspielen, Emma dagegen nicht.

Sie schien extrem sensibel zu sein, was ihn beeindruckte. Denn seine Mutter war, soviel er sich noch erinnern konnte, ähnlich feinfühlig wie sie. Jede Stimmung hatte sie ihm sofort angesehen, er konnte nichts vor ihr verheimlichen. Sie dagegen vor ihm schon. Er hatte es nicht gemerkt, dass zwischen seinen Eltern irgendetwas nicht in Ordnung schien. Es kam für ihn plötzlich. Wie ein harter Basketball, mitten ins Gesicht.

Seine Mutter wirkte zwar manchmal etwas introvertiert und ruhig, aber das schien ihre Art zu sein. Wie gut erinnerte er sich an ihren verträumten, abwesenden Blick. Manchmal hatte er ihm auch Angst gemacht. Doch wenn er sie fragte, ob etwas los sei, ob er etwas falsch gemacht habe, hatte sie ihn jedes Mal mit ihren hellblauen Augen angeschaut und liebevoll beruhigt. Sie fehlten ihm so, ihre Umarmungen und Küsse, die Gespräche nachts am Bett, ihr Geruch. Wie gerne hatte er mit ihr geschmust, sich an ihre Brust gedrückt, besonders kurz vorm Einschlafen. Wie sehr liebte er es, von ihr ganz fest im Arm gehalten zu werden. Mit seinem Vater tat er das damals schon nie. Und so fing er es auch nicht an, als sie weg war, einfach weg.

Wieder wehte dieser blumige Geruch zu ihm herüber, die monotone Stimme des Seminarleiters drang an sein Ohr. Emma schien sich auf ihren Text zu konzentrieren und so konnte Ben sie für einen Moment aus den Augenwinkeln beobachten. Wie unschuldig sie wirkte, fast schon naiv. Ganz anders als die Frauen, die er sonst kannte. Sie trug kein Make-up, ihre Haut, mit ihren feinen, blonden Härchen darauf, wirkte weich und samtig. Am liebsten würde er es testen und ihr kurz über das Gesicht streichen. Was dachte er nur für einen Blödsinn, schalt er sich im nächsten Moment selbst. Was machte diese Frau nur mit ihm? Auch dass er plötzlich wieder so intensiv an seine Mutter dachte, ärgerte ihn sehr. So oft wie die letzten Tage, hatte er schon lange nicht mehr an sie gedacht. Wie gut hatte er seinen tiefsitzenden Schmerz die letzten Jahre verschlossen. Doch jetzt zerrte diese Emma all das wieder hervor. Allein schon dadurch, dass sie ihn an Mom erinnerte und ihr kleiner Bruder an ihn selbst. Ben spürte, wie weh es immer noch tat. Und das in seinem Alter. Er hatte es gut verdrängt. Doch verdrängen half nichts, das wurde ihm jetzt klar. Denn die schmerzhaften Gefühle kamen alle wie ein Bumerang zurück. Er musste sich seiner Vergangenheit stellen. Sie nagte an ihm, die Ungewissheit, was damals geschah, warum seine Mutter ihn nicht so lieben konnte, wie andere

Mütter ihr Kind. Warum sie nicht um ihn kämpfte und ihn einfach verließ.

Er wusste nicht, was sein Vater ihr damals angetan hatte. Aber dass er Schuld daran hatte, dass sie ging, dass sie ihn niemals besuchen durfte, das stand für Ben fest. Seine Enttäuschung, seine unbändige Wut hatte er die letzten Jahre an seinem Vater ausgelassen. Kein Wunder blieb ihr Verhältnis so schlecht. Werner hatte zwar anfangs versucht, es seinem Sohn kindgerecht zu erklären, warum seine Mutter ihn nicht besuchen kam, doch der kleine Ben glaubte ihm kein Wort. »Sie konnte nicht, sie würde so gerne«, klang ihm noch im Ohr. Doch wenn sie wirklich wollen würde, was hinderte eine Mutter daran? Ben hatte es nicht verstanden, hatte es insgeheim auf sich bezogen, dass er schlichtweg nicht liebenswert sei. Und so wurde aus dem vormals so aufgeweckten Jungen ein verschlossenes, introvertiertes Kind. Da sein Vater auch ein eher ruhiger, zurückhaltender Mensch war, sprachen die beiden nie viel. Ben erinnerte sich an angespannte Frühstücke, bei denen man einzig das Knuspern der Cornflakes hörte. Bei denen beide nur froh schienen, wenn der Uhrzeiger vorrückte und es Zeit wurde, zur Schule oder Arbeit zu flüchten. Abends kam sein Vater immer so spät nach Hause, dass Ben bereits irgendetwas gegessen hatte. Und am Wochenende versuchten sie, sich aus dem Weg zu gehen. Zumindest Ben ihm. Ben flüchtete seitdem gern, um seinen Schmerz nicht zu spüren. Vor unangenehmen Gesprächen, vor anstrengenden Frauen, vor seinem Leben. Und jetzt, wo sein Leben gerade durch diese neue Familie gehörig aufgerüttelt wurde, setzte sein Fluchtinstinkt erneut ein.

Er ertrug die Nähe zu dieser Emma neben sich nicht. Ben stand mitten im Seminar abrupt auf. Er erklärte dem Dozenten, dass ihm übel sei, und verließ unter dem Geraune der Kommilitonen und einem forschenden Blick von Emma den Raum.

»Sheila, na du Brave, komm wir gehen raus.« Ben knuddelte seinen Hund, schmuste sich an ihn und schloss dabei die Augen. Er gab ihm Halt und Liebe, das was ihm so sehr fehlte. Sheila wedelte mit dem Schwanz und schien sich zu freuen, dass ihr Herrchen heute früher zurückgekommen war. So lange schon hatte sich Ben einen Hund gewünscht, doch sein Dad wehrte es viele Jahre ab. An seinem 18. Geburtstag kaufte sich Ben dann heimlich einen Hund und es gab gehörigen Zoff. Sein Vater regte sich tierisch auf. Ben habe in dem Alter doch keine Zeit für einen Hund, ein Tier bedeute Verantwortung zu übernehmen und er bezweifle, dass Ben dazu in der Lage sei. Ben antwortete ihm stinksauer, dass er das ja sehen werde. Er wollte es seinem Vater zeigen. Sheila wurde sein Ein und Alles, sein Kamerad, seine treue Seele. Und darum ärgerte es ihn auch so sehr, dass sie jetzt wegen des dicken Katers ins Abseits gedrängt werden sollte. Aber nicht mit ihm. Für seine Sheila würde er kämpfen.

Wie immer joggte er neben ihr her, wenn sie Gassi gingen. Er legte gerade einen Sprint hin, doch Sheila gewann. Ben lachte. Die Bewegung, die frische Luft und die Sonne taten ihm gut. Warum nur konnte nicht einfach alles beim Alten bleiben. Sein Leben plätscherte ohne weitere größere Dramen dahin, die Uni lief okay, das Surfen machte ihm Spaß. Mehr wollte er nicht. Wieso nur musste sein Vater diese alte Jugendliebe ausgegraben haben, wie dumm von ihm, dass er seinem Dad vor ein paar Monaten Facebook erklärt hatte. Seinem Vater, der sich für Social Media bisher so gar nicht interessierte. Er lebte nur für seinen Job. Ben wusste nicht genau, ob er ab und zu eine Liebschaft gehabt hatte, aber er vermutete es stark. Wie ein Mönch hatte er all die Jahre schließlich bestimmt auch nicht gelebt. Aber Werner hatte bisher noch keine Frau mit nach Hause gebracht. Geschweige denn Ben gebeten, für eine zu kochen. Für seine neue Freundin Mary jetzt jedoch schon. Ben hatte sich erst mit Händen und Füßen dagegen gesträubt, doch sein Vater hatte nicht locker gelassen. Er sollte bitte seinen berühmten Coq au vin zubereiten, Werner wollte vor Mary glänzen. Ben wurde irgendwann weich, denn er merkte, wie viel seinem Pa an dieser Mary lag, wie sehr er sich wieder eine Beziehung wünschte. Und da Ben das natürlich verstand und ihm auch wirklich gönnte, hatte er ausnahmsweise zugesagt, den Vorzeige-Sohn und Starkoch zu spielen. Dass zu Mary diese Emma und ihr kleiner Bruder gehörten, konnte er ja nicht ahnen. Ben dachte wieder an Emma, neben der er nun ständig im Blockseminar sitzen musste. Sein Pa hatte sich bei seinem Tenniskumpel, der den Dozenten Nordquist kannte, für die Tochter von Mary eingesetzt. Dass sie dieses Seminar besuchen durfte. Hätte Emma nicht wenigstens ein hübsches, nettes Mädchen sein können?. Nicht so eine seltsame, graue Maus. Wieso hatte sich sein Vater nicht eine Frau ohne Kinder gesucht? Die Welt schien sich gegen Ben verschworen zu haben.

Er bog mit Sheila gerade wieder in seine Straße ein, als ihm ausgerechnet Emma mit ihrem Kater auf dem Arm entgegenkam. Auch das noch. Der Kater fauchte sofort und fuhr seine Krallen aus und Sheila knurrte. Ben konnte sie gerade noch am Halsband zurückhalten.

»Was trägst du denn hier deinen Kater herum? Hat er keine Beine?«, entfuhr es ihm wütend.

»Sehr witzig. Ich hab Dich und deinen Hund von Weitem gesehen. Bijoux traut sich schon gar nicht mehr raus. Er braucht dringend frische Luft und außerdem kann ich herumlaufen, wo ich will.«

Die beiden sahen sich angepikt in die Augen. Sie hatte große, hellblaue, erstaunlich schöne Augen, auch wenn ihr das nicht bewusst zu sein schien. Sheila hörte auf zu knurren, schnupperte und wedelte plötzlich mit dem Schwanz. »Was ist denn mit dir los«, wunderte sich Ben leise.

Und auch der Kater schien sich auf Emmas Arm immer mehr zu entspannen. Emma streichelte ihn, schien genauso irritiert, hielt Bens Blick herausfordernd stand und sagte: »Ganz ruhig, Bijoux, die tun nichts, die gucken nur so böse.«

»Woher willst du denn wissen, dass wir nichts tun?«

Sie lächelte, zuckte die Schultern. »Das spüre ich.«

Ben schnaufte durch. »Du bist echt strange.«

»Ich weiß. Das hab ich schon oft gehört. Aber es ist mir egal.«

Mir aber nicht, dachte er insgeheim und bedeutete Sheila, mit ihm zu kommen.

»Geht es dir eigentlich wieder besser?«, rief sie ihm nach.

»Was, wieso?«

»Na dir war doch übel im Seminar.«

Wie naiv sie war. »Ach das. Ja, ja.«

»Das ist gut«, antwortete sie und lächelte ihn an. Was sollte das? Seit wann interessierte es irgendjemanden, wie es ihm ging. Schnell ging er mit Sheila weiter, in seinem Bauch zog es.

***

Während Emma eine Katzenfutterdose öffnete strömte ihr der etwas eklige Geruch in die Nase. Sie gab es dem wartenden Bijoux in sein Schälchen, dachte über diesen seltsamen Ben nach. Bijoux machte sich hungrig über sein Fresschen her.
Was hatte dieser Ben nur für ein Problem, dass er gar so unwirsch auf sie reagierte? Sie nahm ihm seinen Pa doch schließlich nicht weg. Ganz im Gegenteil. Geschenkt konnte er ihn haben. Ihre Mutter saß vermutlich gerade mit diesem Werner auf dessen Terrasse bei einem Glas Wein. Hoffentlich merkte sie endlich selbst, dass er nicht der sensible Mann war, für den er sich ausgab. Dass er ihr nicht gut tun würde, vermutlich eher im Gegenteil. Emma wurde das Gefühl einfach nicht los, dass er mit ihr geflirtet hatte. Mit der Tochter seiner neuen Freundin! Und deshalb wurde sie immer sicherer. Sie musste ihre Mutter vor ihm beschützen. Wieder einmal hatte das Schicksal die große Liebe für ihre Mom nicht vorgesehen, oder

zumindest im Moment noch nicht. Und für Emma schon dreimal nicht. Traurig dachte Emma darüber nach, wie ihr Leben aussehen würde, die nächsten Jahre. Ohne Mann, ohne Kinder, für immer ohne eigene Familie. Denn dass sie einem Mann jemals wieder zu hundert Prozent vertrauen könnte, bezweifelte sie. Sie würde also niemals Kinder bekommen, im Alter alleine bleiben. Zum Glück hatte sie ihren kleinen Halbbruder Anton, der ja vom Alter her durchaus ihr Kind sein könnte. Auch wenn er oft nervte, sie liebte ihn sehr und hoffte, dass ihr Verhältnis die nächsten Jahre gut bliebe. Emma beschloss insgeheim, alles dafür zu tun.
Sie bereitete ihm sein Abendbrot, da Mom ja noch bei diesem Werner saß, und brachte ihn ins Bett.
»Liest du mir noch was vor?«
»Na klar. Obwohl, du sollst doch lesen üben.«
»Ich will aber, dass du mir vorliest.«
Sie lächelte. »Okay und was?«
Anton krabbelte aus seinem Stockbett herunter zu ihr ins Bett und kuschelte sich an sie.
»Den Ursuppenprinz.«
Sie nickte, strich ihm liebevoll über die Stirn.
»Mach ich. Wenn du mir versprichst, dass du mich später, wenn ich mal eine alte Frau bin, ab und zu besuchst.«
»Spinnst du jetzt?«
Emma lachte. »Ja, ich glaub schon.« Sie nahm das

Buch, rutschte noch etwas näher an ihn, schnupperte heimlich seinen süßen Duft und begann zu lesen.

Mitten in der Nacht wachte sie auf. Das Mondlicht schien in ihr Zimmer hinein und Emma wusste zunächst nicht, wo sie sich überhaupt befand. Natürlich, in Berlin, am Müggelsee. Sofort dachte sie an Ben, der neben ihr in seiner Hütte schlief. Oder lag er ebenso wach da und dachte womöglich an sie? Sie spürte ihr Herz pochen, da hörte sie ein leises Schluchzen.
Emma horchte alarmiert auf, setzte sich auf, um besser hören zu können und da war es wieder. Ein leises, bitteres Weinen. Es kam von nebenan. Aus dem Zimmer ihrer Mom!
Emma war sofort hellwach. Was hatte dieser Kerl ihr getan? Möglichst leise stand sie auf, um Anton über sich nicht zu wecken, und schlich sich hinaus in den Vorraum. Sie lauschte erneut. Zunächst hörte sie nichts mehr, dachte schon, sie habe Gespenster gehört, doch dann wimmerte ihre Mom erneut.
Vorsichtig klopfte Emma an ihre Tür und auf ein erstauntes »Ja«, trat sie ein. Ihre Mom saß im Nachthemd in ihrem Bett und hatte tatsächlich geweint. Sie versuchte zwar, sich ihre Tränen rasch wegzuwischen, aber Emma kannte sie einfach zu

gut.

»Mom, was ist denn los?«, erkundigte sich Emma leise und besorgt, ging zu ihr, setzte sich zu ihr aufs Bett.

»Ach Emma, ich weiß auch nicht.« Sie schluchzte kurz auf, versuchte aber, sich zusammenzureißen. »Seit du mir das mit Werner gesagt hast, also wie er zu seinem Sohn damals war, sehe ich ihn irgendwie mit anderen Augen. Mit wachsamen Augen. Weil, der Junge ..., er tut mir einfach so leid.«

»Aber was hat Werner denn gemacht? Also vorhin meine ich?«

Ihre Mom zuckte nur mit den Schultern, schüttelte ratlos mit dem Kopf und sagte nichts. Emma spürte, dass sie es nicht aussprechen wollte, damit es nicht zwischen ihnen stand.

»Eigentlich nichts. Es ist nur so ein Gefühl.«

Emma schnaufte durch. »Mom. Dann musst du darauf hören.«

»Was meinst du damit? Wir sind gerade erst hierhergezogen. Anton ist neu umgeschult, du in einer neuen Uni ... wir haben unsere alte Wohnung aufgegeben ... wir können jetzt nicht einfach wieder abhauen. Du sagst doch immer, fliehen nützt nichts.«

So aufgewühlt hatte Emma ihre Mutter schon lange nicht mehr gesehen. Fieberhaft dachte sie nach. »Aber wenn es einen Grund gibt, zu fliehen, dann

muss man es einfach tun. Wir können sehr wohl zurück.«
»Ich gehe nie zurück. Niemals.« Ihre Mutter weinte erneut. Ich habe ja noch nicht einmal einen Beweis. Ich meine, wer weiß, vielleicht war ja früher alles ganz anders und Werner war gar nicht so schlecht zu seiner Ex-Frau und zu Ben. Vielleicht ist er ja doch ein Guter.«
»Vielleicht«, sagte Emma nachdenklich und plötzlich hatte sie eine Idee.

***

»Weißt du was?«, platzte es am nächsten Tag aus ihr heraus, als sie sich neben Ben an den Zweiertisch setzte. Der Seminarraum war bereits etwas gefüllt, aber die anderen unterhielten sich und hörten nicht zu.
»Was?«, fragte er irritiert nach. Sichtlich nicht davon angetan, dass sie ihn ansprach.
Sie flüsterte extra: »Du willst doch auch nicht, dass dein Pa mit meiner Ma zusammenbleibt, oder?«
»Was soll das denn jetzt?«
Seine blauen Augen blickten sie an und für einen Moment zitterte Emma die Stimme. »Also dass wir Stiefgeschwister werden, das wollen wir beide nicht, hab ich Recht?«

Ben sah sich sofort genervt um, ob irgendjemand zuhörte. Kim, die Emma irgendwie nicht sympathisch war, sie konnte nicht genau sagen warum, sah gerade auf. Ihre grünen Augen blitzten.
»Auf keinen Fall«, raunte er vor sich hin.
Emma nickte, ihr Herz klopfte. »Ich auch nicht. Auf keinen Fall.«
»Jetzt sei endlich leise, ich will nicht, dass irgendjemand hier erfährt, wer du bist. Also dass deine Ma mit ... du weißt schon«, zischte er und sah sich immer wieder um. Kim lächelte ihn an.
Emma schluckte, nickte betreten. Er schämte sich, sie zu kennen, es tat seltsamerweise weh. »Können wir später reden?«
Er verdrehte die Augen. »Wenn's sein muss.«
Das Seminar zog sich unendlich in die Länge. Emma zählte die Minuten, hörte Herrn Nordquist wie durch eine Wolke reden.
Endlich, nach gefühlten dreihundert Stunden, beendete er das Seminar und alle standen auf. Die Luft war schlecht, Emma wollte nur noch raus. Kim trat zu Ben, lächelte ihn an und fragte, ob er mit ihr Mittagessen gehe.
Angespannt wartete Emma seine Antwort ab. Er schien mit sich zu ringen, vermutlich wollte er lieber mit dieser Kim aus seiner Clique zusammen sein, als jetzt mit Emma.
Doch zu ihrer Verwunderung schüttelte er den

Kopf. »Sorry, keine Zeit. Andermal wieder.«

Kim schien leicht eingeschnappt zu sein, nickte nur hoheitsvoll, drehte sich um und ging. Allerdings nicht, ohne Emma noch einen giftigen Blick zuzuwerfen.

Erschrocken blickte Emma ihr nach. Sie hatte ihr doch gar nichts getan?

Ben hatte das offensichtlich beobachtet, beruhigte sie. »Sie will immer wie eine Prinzessin behandelt werden. Aber sie ist keine.«

»Verstehe«, sagte Emma, obwohl sie nichts verstand.

»Ich gehe jetzt aber nicht mit dir zusammen raus. Wir treffen uns in einer Stunde in Mitte. In der Torstraße ... obwohl nein, da kennen mich einige. Besser am See. Die anderen wollten heute nicht surfen gehen. Ich aber schon. Okay?«

»Okay.« Was blieb ihr anderes übrig. Mit ihr in einem angesagten Café in Mitte wollte er nicht gesehen werden. Also dann eben am See.

Atemlos kam sie am Müggelsee an. Ben trug bereits seinen Wetsuit und seine gute, sportliche Figur zeichnete sich darunter ab. Er montierte das Segel an sein Surfboard. Seinen Hund schien er nicht dabei zu haben.

»Entschuldige, ich hab mich total verfahren mit der S-Bahn. Ich bin in die Ringbahn gestiegen und dann...«

»Immer im Kreis gefahren?«

»Ha ha. Berlin ist einfach riesig. Ich bin das nicht gewöhnt.«

»Du musst dich ja auch nicht dran gewöhnen, du willst ja eh wieder weg.«

»Stimmt.«

Seine Haut schimmerte bronzen in der Nachmittagssonne. Emma starrte ihn an, konnte ihren Blick kaum von ihm wenden.

»Also, was wolltest du mir sagen?«

»Ich ...« Sie zögerte. Ihr Blick wurde von einer Ente abgelenkt. Sie schwamm über den See und ihr hinterher schwammen drei kleine Entenjunge. Wie sollte sie nur beginnen? Sie wollte ihn auf keinen Fall verletzen.

»Können wir uns kurz setzen?«

Unleidlich sah er sie an. »Ich will jetzt surfen. Du bist zu spät.«

»Tut mir leid. Bitte. Es ist nicht so einfach.«

»Also gut.«

Er setzte sich neben sie ins Gras, nahm einen Grashalm und drehte ihn zwischen seinen Fingern, steckte ihn in den Mund, starrte auf den See. Er wirkte genauso nervös wie sie selbst.

»Weißt du, ich will meiner Mom nicht weh tun. Ganz im Gegenteil. Ich will, dass sie glücklich wird. Und dein Pa soll das natürlich auch werden. Aber ich habe das Gefühl, auch nach deinen Erzählungen von damals, dass sie nicht zusammenpassen. Meine Ma braucht einen feinfühligeren Menschen. Mit unsensiblen Kerlen hat sie es schon oft genug probiert.«

Ben nickte nur, hörte sich all das an. Emma fasste sich ein Herz, sprach weiter. »Aber ich bin mir natürlich auch nicht hundertprozentig sicher. Wie dein Pa zu Frauen so ist. In langjährigen Beziehungen. Und ob er damals wirklich gemein war.«

»Du glaubst mir also nicht?«

»Das hat damit nichts zu tun. Du hast es als Kind so wahrgenommen. Aber wir kennen die andere Seite nicht. Die deiner Mutter.«

Ben schluckte. Emma spürte, wie sehr ihn das aufwühlte.

»Stimmt. Na und?«

»Und deshalb sollten wir sie ausfindig machen. Damit sie meiner Ma sagen kann, wie Werner in Wirklichkeit ist. Zu einer Frau.«

Ben stand abrupt auf. »So ein Schwachsinn. Er kann doch zu einer neuen Frau komplett anders sein.«

Da hatte er natürlich recht. Aber ob er ein lieber Kerl von seinem Grundcharakter her war oder ein Idiot, ein Macho, das konnte sie ihnen durchaus verraten. Und mit ihrer Mom sprechen. Denn wenn

nur Emma es ihr sagte, half es nichts.
Emma nickte, fügte sanft an: »Willst du deine Mutter denn nicht auch endlich mal wieder sehen? Nach so vielen Jahren?«
Sie spürte, dass sie den Nagel auf den Kopf getroffen hatte. Das Thema schmerzte ihn zutiefst, deshalb wehrte er ihren Vorschlag so vehement ab. Statt einer Antwort, stand er abrupt auf, schnappte sich sein Surfboard und trug es hinaus auf den See.
Emma blieb noch eine Weile da sitzen und sah ihm beim Surfen zu. Wie verwundet er sein musste, wie verletzt. Die Entenmama mit ihren Jungen paddelte vor ihr am Ufer entlang. Ein Kleines kam kaum hinterher. Wie schrecklich, seine Mutter in so jungen Jahren verlieren zu müssen und noch nicht einmal zu wissen warum.

Emma hätte Ben noch stundenlang beim Surfen zusehen können, aber sie hatte das Gefühl zu stören. Er schien eins mit der Natur, mit seinem Board, sein Haar schimmerte in der Sonne. Schweren Herzens stand sie auf und machte sich auf den Weg nach Hause.
Bijoux wartete bestimmt schon auf sie. Wegen Bens knurrendem Hund Sheila traute er sich immer noch nicht alleine heraus. Wie ähnlich sein Herrchen ihm zu sein schien. Emma, die keine Menschenkenntnis mehr zu haben glaubte, fühlte

sich ausgelaugt und müde.

Als sie an der Hütte ankam, traute sie ihren Augen nicht. Bijoux lag im Garten auf der Wiese und wurde von Sheila, Bens Hund, abgeschleckt, als wäre der Kater ein Hundewelpe. Und es schien ihm zu gefallen.

Emma musste unwillkürlich grinsen. Wie süß die beiden zusammen aussahen. Wie gut sie sich plötzlich verstanden. Schade, dass Ben und sie dagegen immer noch wie Hund und Katz agierten. Dass er sie behandelte, als wäre sie eine streunende, zerzauste Straßenkatze, mit der keiner etwas zu tun haben wollte. Aber um ehrlich zu sein, fühlte sie sich auch so. Seit Jahren. Und was man ausstrahlte, kam dann wohl auch so an.

»Oh Bijoux, mein Süßer, du hast es ja gut. Na, Sheila, könnt ihr euch jetzt richtig gut riechen? Braver Hund.«

Sheila sprang schwanzwedelnd auf sie zu und stupste sie mit der Schnauze an. Emma lächelte. Mit Tieren konnte sie schon immer gut. Viel besser als mit Menschen.

Am Abend holte sie mit Anton ihre Mutter an der Strandbar ab, in der leisen Hoffnung, auch Ben dort zu sehen. Denn mit seiner Clique hing er da ja öfter ab, heute jedoch nicht. Mom machte sich gut als Barkeeperin, man sah ihr ihre 42 Jahre wirklich nicht an. Sie schien beliebt zu sein bei den jungen Leuten, scherzte und lachte viel. Anton flitzte bereits wieder zum See und sammelte Stöcke.

»Hi, Mom. Ich wollte dich abholen.«

»Ach, das ist ja nett.«

»Triffst du heute Abend wieder Werner?«, fragte Emma möglichst beiläufig nach. Ihre Mutter schenkte gerade eine Cola ein, hielt inne. »Ich weiß nicht, ich kann euch doch nicht schon wieder alleine lassen?«

»Das ist schon in Ordnung.« Emma riss sich sehr zusammen. Je öfter ihre Mom diesen Werner traf, desto schneller würde sie hoffentlich merken, ob er ihr wirklich guttat.

»Aber für Anton ist das nichts. Wollt ihr nicht beide mitkommen?«

»Auf keinen Fall. Also ich nicht. Anton vielleicht.«

Ihre Mom sah sie traurig an. »Mach es mir doch bitte nicht so schwer.«

»Das will ich nicht. Ich will doch bloß ...« Emma seufzte. Vielleicht hatte sie sich da auch in etwas hineingesteigert, vielleicht Werner unrecht getan?

»Weißt du was? Ich nehme Anton heute Abend mit zu Werner und du fragst mal Ben, ob er dich mitnimmt mit seiner Clique.«

Entsetzt schüttelte Emma den Kopf. »Nein! Auf keinen Fall.«

»Schatz, ich weiß, es ist schwer für dich. Aber es ist

so viele Jahre her und das hier ist dein Leben. Du hast nur das eine. Also bitte, mach das Bestmögliche daraus.«

Sie hatten schon so oft darüber gesprochen. Mom las viele Ratgeberbücher über positives Denken, die Macht der Liebe und so weiter. Aber sie alle hatten Emma noch nicht geholfen.

Ein Typ in ihrem Alter, mit dunklen Augen und dunklen Haaren trat an die Bar und bestellte ein Bier. Dabei sah er Emma mit einem durchringenden Blick an. Schnell wandte sie das Gesicht zur Seite. Sie zitterte plötzlich am ganzen Leib. Denn er erinnerte sie an ihn. Irgendwo hatte sie diesen Jungen schon mal gesehen. Natürlich, an der Uni, auf dem Hof. Er hatte sie da auch bereits so seltsam angestarrt. Er kleidete sich ganz in schwarz, wie sie. Der Totenkopf-Typ.

Mom reichte ihm nett sein Bier und er zahlte. Dann wandte er sich an Emma. »Du studierst an der FU Berlin, stimmt's?«

Mom zwinkerte Emma aufmunternd zu und bediente einen anderen Gast. Emmas Mund wurde trocken, sie nickte leicht, wusste aber nicht, was antworten. »Mmhm«, brachte sie also nur heraus.

»Ich bin Marco. Hast du Lust, mal mit mir auszugehen?«

Mom hatte das offenbar gehört, nickte ihr möglichst unauffällig zu. Doch Emma konnte nicht.

Ihr Kopf dröhnte. »Ich ... ich bin gerade erst hierher gezogen. Muss viel lernen. Vielleicht irgendwann mal«, redete sie sich mit belegter Stimme heraus.
Seine Miene wurde düster. Abfuhren konnte er offensichtlich nicht ab. »Pffh, hältst dich wohl für was Besseres? Wirst schon sehen, was du davon hast.«
Er ging. Endlich konnte Emma wieder atmen.
»Wieso denn nicht, Schatz?«, hakte ihre Mutter liebevoll nach. Sie hatte seinen Spruch offensichtlich nicht gehört.
»Er hat mir Angst gemacht. Ich kann einfach nicht.«
»Schon gut. Es zwingt dich ja keiner. Ich will doch nur, dass es dir gut geht.«
Emma lächelte bemüht. Und ich will, dass es dir gut geht, dachte sie. Aber wenn Ben seine Mutter nicht suchen wollte, konnte sie nichts tun. Denn Hinweise konnte nur er ihr geben. Werner wollte sie auf keinen Fall befragen. Wenn, dann musste Ben ihr helfen. Sie betrachtete die jungen Leute, die sich gemütlich in den bunten Sitzsäcken fläzten, die Spaß hatten und lustig flirteten. Wie gerne wäre sie auch so.

Stattdessen verbrachte Emma den lauen Sommerabend alleine mit einem guten Buch auf den Terrassenstufen ihrer Hütte. Doch so richtig konnte sie sich nicht auf ihren Liebesroman konzentrieren. Immer wieder ertappte sie sich dabei, in Bens Garten zu schielen, ob Ben inzwischen zuhause sei.

Der Duft der Blumen zog Emma in die Nase, eine Biene flog auf eine rosa Blüte und saugte den Nektar auf.

Da endlich kam Ben nach Hause.

Er sah sie, stockte, schien sichtlich mit sich zu ringen. Sein Blick war so intensiv, dass sie das Gefühl bekam, er schaue ihr in die Seele. Was sollte das nur? Es fühlte sich seltsam an.

Keiner von beiden sagte ein Wort. Er stand nur da, sah sie an. Da rannte Sheila freudig auf ihn zu, ließ sich erst von ihm streicheln, rannte dann zu Emma, schleckte sie ein wenig ab.

»Sheila, du Süße.« Sie knuddelte den Hund. Und schon kam Bijoux, der sich in den Büschen auf Mäusejagd befunden hatte, dazugesprungen und die beiden begrüßten sich auf ihre Art. Stupsten sich mit den Nasen an, spielten mit den Tatzen und Pfoten.

Erstaunt sah Ben dem Schauspiel zu.

»Das gibt's ja nicht. Was hast du denn mit Sheila gemacht?«

»Verhext«, scherzte Emma lächelnd.

Sie blickten sich an und Emma spürte, wie ihr Herz

flatterte.

Er schien genauso verwirrt wie sie, kam ein paar Schritte auf sie zu und suchte nach Worten.

»Ich hab drüber nachgedacht, was du vorhin gesagt hast.«

Emma nickte nur erstaunt.

Sheila rannte zu ihm, dann wieder zurück zu Emma. Als ob der Hund ihm sagen wollte, er solle sich zu ihr setzen. Emma und Ben verstanden es beide sofort, lächelten sich kurz an und Ben ging Sheila hinterher und setzte sich neben Emma. Ihr Herz stand für einen Moment still. Sie roch ihn und er duftete noch besser als die Blumen. Seltsamerweise machte ihr seine Nähe nichts aus.

Angespannt fing er an, zu reden: »Ich ... frag mich nur, wie du meine Ma finden willst? Das Letzte, was ich von ihr damals bekommen habe, ist eine Postkarte aus der Uckermark. Vom Stechlinsee.«

»Aus der Uckermark? Wo ist das denn?«

»Hier in Brandenburg, circa eineinhalb Stunden entfernt.«

»Das ist doch immerhin schon mal eine heiße Spur.«

»Naja. Sie kann dort nur übers Wochenende gewesen sein.«

»Stimmt.« Seufzend beobachtete Emma eine fleißige Biene auf einer roten Mohnblume. Auch um ihn nicht immerzu von der Seite anzustarren. Seine

Haut sah weich und flaumig aus.

Ihm fiel offensichtlich etwas ein. »Aber sie hatte dort eine Freundin, erinnere ich mich noch. Mit einem Jungen in meinem Alter. Ich mochte ihn nicht.«

»Na dann sollten wir dieser Spur nachgehen. Hast du danach gar nichts mehr von ihr gehört? Ich meine, sie hat nie mal angerufen oder so?«

Zutiefst verletzt schüttelte er den Kopf. »Sie hat sich all die Jahre nicht bei mir gemeldet.« Seine Stimme zitterte, klang plötzlich wie die eines kleinen Jungen.

Am liebsten hätte Emma seine Hand genommen und gestreichelt, aber sie hielt sich zurück.

»Dann musst du doch erst recht herausfinden wollen, warum sie das nicht getan hat«, sagte Emma sanft. Ein Leben ohne eine liebevolle Mutter konnte sie sich nicht vorstellen. Ben tat ihr so unglaublich leid.

»Warum wohl nicht«, entfuhr es ihm vehement.

»Was? Was denkst du denn, warum nicht?«, fragte Emma sanft nach. Hatte er eine Vermutung?

»Na, wenn sie mich geliebt hätte, hätte sie es ja wohl getan.«

»Das glaube ich nicht«, entfuhr es Emma. »Eine Mutter liebt ihr Kind immer. Es muss irgendeinen anderen Grund gegeben haben. Was hat dein Pa denn damals dazu gesagt?«

»Dass sie nicht kommen konnte. Mehr nicht ... es ist schon so lange her und seitdem haben wir nicht mehr darüber gesprochen. Ich habe immer abgeblockt.«

Erschüttert sah ihn Emma von der Seite an. Sheila, die mit Bijoux im Garten spielte, kam nun an, als spürte sie, dass es Ben schlecht ginge.

Nachdenklich und in sich gekehrt saß Ben da, schmuste mit seinem Hund und am liebsten hätte Emma ihn in den Arm genommen und gedrückt. Aber natürlich wagte sie es nicht. Wie liebevoll und zärtlich er Sheila streichelte.

So saßen sie einfach nur da, hingen beide ihren Gedanken nach und lauschten dem leisen Rauschen des Windes in den Blättern der Apfelbäume. Emma dachte fieberhaft nach. Sie wollte seine Mutter finden und nach Werner befragen, ob er ein guter Kerl sei. Ben musste endlich wissen, warum seine Mutter den Kontakt komplett abgebrochen hatte.

»Was hältst du davon, wenn wir am Wochenende in die Uckermark fahren?«

Unwohl sah Ben sie an. »Wir beide?«

Sie nickte, über sich selbst erstaunt. Bisher hatte sie nie den Mut gehabt, zu reisen, auch wenn die Uckermark jetzt nicht gerade als Wahnsinns Reiseziel galt. Aber mit einem fremden Mann? Und das nach jenem Abend im April?

»Naja, je schneller deine Ma meiner Mom die

Augen über deinen Pa öffnet, desto schneller bist du uns los«, fügte sie leise hinzu. Dabei spürte sie bereits, dass sie es gar nicht wollte. Ihn los sein. Nur seinen Vater, den schon.
Ben sah auf und lächelte kurz frech. »Das wäre natürlich ein Argument.«
Hatte er das jetzt ironisch gemeint? Emmas Bauchgefühl konnte es einfach nicht einordnen.
»Also gut«, sagte er mit belegter Stimme. »Wir fahren am Wochenende. Komm, Sheila, Schlafenszeit.«

5. Kapitel

Ben brachte Sheila fürsorglich in ihre Hundehütte, streichelte ihr liebevoll übers Fell und ging dann in sein Gartenhäuschen hinein. Er legte sich aufs Bett, setzte sich die Kopfhörer auf, wie er es oft tat, und ließ sich den Kopf mit lauter Elektro-Musik volldröhnen. Dabei wurde ihm mehr als mulmig zumute. Was, wenn sie seine Mutter wirklich finden würden? Er versuchte, nicht dran zu denken. Sondern vielmehr daran, was er seiner Clique als Ausrede sagen sollte. Warum er mit diesem unscheinbaren Mädchen ein Wochenende wegfuhr. Denn natürlich bekämen es alle mit. Schließlich hatten sie sich bereits zum Surfen verabredet. Kim würde wieder Gift spritzen und die Jungs sich ihren Teil denken. Dabei wollte er von dieser Emma ganz sicher nichts.

Er dachte an ihre reine Haut, ihre himmelblauen Augen, die denen seiner Mutter so glichen. Die Musik dröhnte laut in seinen Ohren.

Wieder kam ihm seine Mutter in den Sinn und ihm wurde übel. Wollte er sie wirklich finden und von ihr hören, dass er ihr einfach nicht wichtig genug gewesen war? Dass sie ihn nicht genug liebte, um ihn wenigstens einmal in all den Jahren zu besuchen? Ihr eigenes Kind. Was für ein hartherziger Mensch musste sie sein, was für eine schreckliche Frau. Wollte er sie wirklich kennenlernen und all den Schmerz von Neuem durchstehen? Er hatte all die Jahre so sehr gelitten. Sich zermartert, wieso sie ihn mit diesem Vater, der nur seine Arbeit im Kopf hatte, alleine gelassen hatte? Jetzt ließ sein Herz keinen mehr an sich heran, selbst seine eigene Mutter nicht mehr, egal was sie ihm auftischen würde.

***

Am nächsten Morgen wachte Emma auf und ihr Puls raste. Es galt, noch zwei Unitage zu überstehen. Dann, morgen Nachmittag, würde sie mit Ben eine Reise tun. Eine kleine Reise, für sie aber ganz groß. Emma musste noch nach einem Zug oder Bus recherchieren, der sie in die Uckermark bringen würde. Irgendwie würde sie das Geld dazu schon zusammenkratzen. Oder sich etwas von ihrer Mutter leihen. Hoffentlich würden diese zwei Tage an der Uni bald vorübergehen.
Emma stand müde auf, zog sich an. Nach dem Frühstück, als Anton schon im Garten herumflitzte, erzählte sie ihrer Mom, dass sie einen Wochenendtrip in die Uckermark plante.
»In die Uckermark? Mit wem denn?«

»Alleine«, erwiderte sie spontan und biss sich sofort auf die Lippe.
»Was, du alleine?«, fragte ihre Mutter sofort verblüfft nach. »Wieso das denn?«
Da ihr keine bessere Erklärung einfiel, erklärte Emma, dass da auf dem Stechlinsee ein Surfwettbewerb stattfinde und sie zuschauen wollte.«
Verwundert sah ihre Mom sie an. »Du? Den Surfern? Das kannst du doch auch hier?«
In Erklärungsnot verhaspelte sie sich, dass Ben, also Werners Sohn, an dem Surfwettbewerb teilnehme. Sie konnte einfach nicht lügen und wurde rot.
»Mit Werners Sohn?«, sagte Mom erleichtert und hakte dann aber noch vorsichtig nach: »Mit übernachten? Aber du kennst ihn doch kaum?«
»Er sitzt in der Uni in einem Seminar neben mir. Und du willst doch, dass ich mir Mühe geben.«
Überwältigt lächelte ihre Mutter sie an. »Ach Emmchen, wie lieb von dir. Weißt du was, dann geb ich dir auch etwas Geld mit.«
Emma wurde richtig schlecht, weil sie ihre Mom so anlog, aber sie tat es ja nur für sie.
Trotzdem hatte sie ein schreckliches Gefühl in der Magengegend.
Ihre Mutter sah sie nun doch besorgt an. »Emma, ich freu mich total für dich, dass du dich traust, mit

einem fremden jungen Mann zu reisen. Aber bist du dir wirklich sicher, dass du es schaffst? Nach allem, was geschehen ist?«

Emma lächelte bemüht. »Man muss seine Angst überwinden, das hast du mir immer gesagt.« Ihre Mom nahm sie liebevoll in den Arm. »Das stimmt. Ich bin so stolz auf dich.«

Und Emma auf sich. Dass sie ihr Leben selbst in die Hand nahm. Auch wenn sie es viel Überwindung kostete, so viel wie kein Mensch erahnen konnte. Es wurde allerhöchste Zeit,

»Und du passt auf Bijoux auf?«

»Natürlich Schatz, Anton hilft mir. Und was ist mit Bens Hund?«

»Ach den nimmt er bestimmt mit.«

»Schön. Und was sagt eigentlich Werner dazu?«

»Nix. Ich meine, der weiß das noch gar nicht, aber dem ist auch vollkommen egal, was Ben macht.«

Sie hatte es extra so gesagt, um ihre Mutter nachdenklich zu stimmen. Aber sie hatte das Gefühl, ihre Mutter verstand nicht, was sie ihr sagen wollte. Genau das hatte sie befürchtet, dass sie blind vor Liebe sei. Genau deshalb musste sie Bens Mutter so schnell als möglich finden. Zusammen mit Ben.

»Du musst es Werner ja nicht sagen, okay?«

Verwundert nickte ihre Mutter, hakte aber zum Glück nicht nach.

In der Uni fing Emma Ben noch vor dem Seminar in einer Ecke des Hofes ab. Die Mädels seiner Clique und auch ein paar andere beobachteten die beiden. Kim, die mit dem Bob-Schnitt wirkte missmutig, oder gar eifersüchtig? Emma wunderte sich, was sie hatte. Sie wollte schließlich nichts von Ben. Sie wollte nur besprechen, ob sie mit dem Bus oder Zug hinfuhren. Dennoch, sie tuschelte mit Caro, die Emma nun aber nett anlächelte. Emma konnte es nicht einordnen. War es wirklich nett gemeint, oder war es ein falsches Lächeln? Dachten sie etwa wirklich, dieser gutaussehende Ben wollte etwas von Emma? Emma wunderte sich sehr. Ben mochte sie nicht, das zeigte er doch mit jeder Pore. Dass er diese kleine Reise mit ihr unternahm, galt doch nur dem einen Ziel: sie aus seinem Leben zu verbannen, sie loszuwerden, Anton, Mom und sie. Wie sie es ja auch wollte. Weg hier, nur weg. Sie wusste, sie konnte vor ihren Erinnerungen nicht fliehen, aber zumindest sollten keine neuen, verstörenden Erlebnisse dazukommen, das schwor sie sich.
Caro kam zu Ben und fragte locker: »Hi, Ben, kommst du am Samstag mit in den Franz-Club?«
»Äh, ich ... hab schon was vor.«
Caro nickte, lächelte Emma an. »Und du? Hast du Lust?«

»Ich?«

Emma sah sie baff an. Diese wunderhübsche Blondine mit dem bronzenen Teint wollte mit ihr ausgehen? Machte sie sich über sie lustig?

»Danke, aber ich hab Samstag auch schon was vor.«

Bens Miene nach zu urteilen, schien es ihm nicht recht zu sein, dass Emma hier vor allen bei ihm stand. Nachdem Caro bedauernd weitergegangen war, zischte er Emma zu, dass es zum Stechlinsee keinen Zug gebe, wie naiv sie eigentlich sei? Er hatte sich wieder in sein Schneckenhaus zurückgezogen. Verletzt blickte Emma ihn an. Dann erklärte er knapp. »Ich habe einen VW-Bus. Wir können uns ja heute Abend im Biergarten treffen, um Kleinkram abzusprechen, okay?«

Emma nickte atemlos. »In welchem Biergarten?« Bei Biergarten dachte sie eher an München. Nicht an Berlin.

»Im Prater, in der Kastanienallee. Prenzlauer Berg. Um acht.«

Und damit ließ er sie stehen.

Emma hatte keinen Schimmer, wo sich diese Kastanienallee befand, aber zum Glück gab es ja heutzutage Smartphones. Sie googelte es sofort, auch wie man am besten da hinkam. Berlin war eine so große Stadt und dieses riesige U-Bahn und Straßenbahnnetz verwirrte sie sehr. Sie, die bisher nur in Kleinstädten gelebt hatte, sie die nie allein reiste.

Im Seminar saß Emma neben Ben und konnte dem Dozenten vor Anspannung kaum folgen. Immer wieder betrachtete sie ihn heimlich von der Seite, sein ebenmäßiges, schönes Gesicht. Was nutzte ihm sein gutes Aussehen, wenn er doch tief in sich drin nicht glücklich zu sein schien. Was nutzte einem eine schöne Fassade, dachte sie, wenn es dahinter so düster aussah?
Der Tag zog sich wie Kaugummi und Emma igelte sich vor den anderen Kommilitonen ein. Caro sah immer mal wieder zu ihr, lächelte sie an, Kim dagegen schaute giftig. Sie merkte wohl, dass Ben und sie ein Geheimnis hatten und das schmeckte ihr gar nicht.

Mit zittrigen Knien kam Emma an der Haltestelle Eberswalder U-Bahnhof an. Wieso hieß es denn U-Bahn, wenn die Bahn über der Erde fuhr? Die Bahnbrücke schien aus alten Zeiten, sah hübsch aus und es war einiges los. Hippe junge Leute kreuzten überall, laut ihrem Smartphone schien der Mauerpark nicht weit entfernt zu sein. Emma stand verloren auf der Kreuzung. In welche Richtung musste sie denn nun gehen? Sie drehte und wendete ihre Handy, doch der Punkt drehte sich immer mit.

Leute rempelten gegen sie, entschuldigten sich nicht einmal. Ein Musiker spielte laute Musik. Emma beschloss, einfach mal loszugehen und kam eher durch Zufall in der Kastanienallee an.

Hier reihte sich ein Café, Restaurant oder Klamottenladen an den anderen. Frisches Obst duftete ihr entgegen. Kein Mensch schien sich für sie zu interessieren, aber sie merkte, sie genoss es, in der Großstadt unterzutauchen. Das bunte Treiben um sie herum gefiel ihr und so betrat sie einen kleinen Laden nach dem anderen, denn sie hatte noch genug Zeit. Die unkonventionellen Läden hatten nicht den Einheitslook der großen Ketten und so verspürte Emma das erste Mal, Lust auf Mode. Die bunten Farben kamen ihr nicht mehr so indiskutabel vor, wie noch vor ein paar Wochen und Emma wurde sich dieser Tatsache gewahr. Diese Stadt schien besser zu ihr zu passen, als irgendeine Kleinstadt oder ein Dorf. Konnte es sein, dass sie hier in Berlin ein wenig heilen würde?

Ein Blick auf die Uhr zeigte ihr, dass sie sich nun doch aufmachen sollte, den Prater zu suchen. Laut Google Maps musste er ganz in der Nähe sein.

Emma trat aus einem kleinen Laden in die Sonne hinaus und wärmte für einen Moment ihr Gesicht. Die Leute gefielen ihr, sie wirkten entspannt und fröhlich. Die Straßencafés waren voll und Emma wunderte sich, woher diese ganzen jungen Leute das Geld und auch die Zeit dafür hernahmen. Vielleicht lag es einfach an einer anderen Lebenseinstellung? Nämlich jeden einzelnen Tag, jeden Moment zu genießen? Ganz anders als Werner zum Beispiel, der offenbar immer nach mehr strebte, so viel arbeitete, dass er die Menschen um ihn herum völlig vergaß? Wie viel besser wäre es Ben damals ergangen, wenn sein Vater die Arbeit nicht als erste Priorität gesehen hätte, sondern seinen kleinen Sohn?

Emma entdeckte das Schild: PRATER. Sie ging durch den Eingangsbogen hindurch und es eröffnete sich ein riesiger Biergarten. Links ein dazugehöriges Restaurant, rechts, unter riesigen Kastanienbäumen zahlreiche Bierbänke. Der Prater war gut gefüllt und die Stimmung der Leute schien gut.

Aufgeregt ging Emma weiter. So viele Menschen machten ihr wieder Angst. Oder war es die Vorstellung, gleich auf Ben zu treffen? Sie sah sich um, doch sie konnte keinen Ben weit und breit entdecken. Emma fröstelte, obwohl sich die Luft noch recht warm anfühlte. Hatte er einen Rückzieher gemacht? Enttäuscht und traurig sah sie sich weiter um, wollte bereits wieder gehen.

Da plötzlich hörte sie seine angenehme Stimme direkt in ihrem Nacken. »Warte, ich bin hier.« Ihre

Härchen stellten sich auf.

Emma drehte sich erleichtert zu ihm um und lächelte ihn an. Doch er lächelte nicht zurück. Traurig starrte er sie an, hielt eine Postkarte in der Hand, steckte sie weg.

»Hi«, sagte Emma leise.

»Setz dich«, bat er sie ernst. Sie setzten sich auf eine leere Bank, der Duft von ihm, gemischt mit Bier von den Nebentischen, stieg Emma in die Nase.

»Was möchtest du trinken? Man muss sich hier selbst etwas holen.«

»Ich hol mir eine Apfelschorle.«

Er stand auf. »Ich hol sie dir.«

Wie zuvorkommend er sein konnte. Emma ließ es geschehen. Während er die Getränke brachte, beobachtete sie ihn heimlich von Weitem. Er stach auch unter all den anderen Gästen heraus, da er sehr groß war und eine gut trainierte Figur besaß. Und mit diesem Jungen war sie verabredet. Emma seufzte traurig. Denn es handelte sich schließlich nicht um ein Date, sondern eher um das Gegenteil.

Ben kam mit den Getränken zurück, sie stießen an und Emma wusste vor lauter Aufregung nichts zu reden. Es schien ihn nicht zu stören, eher im Gegenteil hatte sie das Gefühl. Dann kramte er in seinem Rucksack und zog die Postkarte wieder heraus. Leise erklärte er, dass dies die letzte

Postkarte seiner Mutter sei. Überwältigt von seinem Vertrauen in sie, schluckte Emma und suchte nach Worten. Er zeigte sie Emma. »Schau, da der Stechlinsee.« Seine Hand, die die Karte hielt, zitterte und berührte die Hand von Emma aus Versehen leicht. Rasch zog er sie etwas zurück, legte die Postkarte in Emmas Hand. Die Karte sah bereits ziemlich zerknautscht aus. Die Schrift wirkte an einigen Stellen etwas verschwommen, vermutlich wurde sie durch die Tränen des kleinen Ben damals verwischt. »Viele Grüße aus der Uckermark, mein lieber Schatz, deine Mama, hab dich lieb«, konnte man gerade noch lesen. Emmas Herz pochte. Was war damals nur geschehen? Wieso hatte sich seine Mutter nie wieder gemeldet? Emma stellte sich Ben als kleinen Jungen vor, wie sehr er auf weitere Nachrichten oder einen Besuch seiner Mutter wartete. Ihr zerriss es beinahe das Herz und auch Ben schien ziemlich aufgewühlt.

Dann schluckte er und lenkte ab. »Also, ich nehme mein Surfbrett mit.«

»Ja klar«, sagte Emma lächelnd, wurde dann wieder ernst. »Hast du sonst vielleicht noch irgendeinen Hinweis, wie wir deine Mutter finden könnten?«

Er überlegte. »Meine Tante hat mal gesagt, dass meine Mutter zuletzt in einer Bäckerei dort ausgeholfen hat. Am Stechlinsee.«

»In einer Bäckerei? Großartig. Das ist doch eine Spur. So viele wird es dort ja nicht geben«, befand Emma und lächelte ihn an. Er lächelte nicht zurück, erzählte angespannt leise weiter. »Meine Tante hat auch nie verstanden, warum sie sich nie gemeldet hat. Sie hat auch nie wieder etwas von ihr gehört. Den Grund kennt sie nicht.«

»Wirklich?«

Unwohl sah er zu Boden. »Wir haben so gut wie nie über Mom gesprochen. Die beiden mochten sich nicht. Und da ich nie gefragt habe, hat sie das Thema mir zuliebe vermieden. Meine Tante hat gesagt, es hatte ihr das Herz gebrochen, wie mir. Und ihrem Bruder Werner auch. Mit ihm konnte sie ebenso wenig darüber reden. Er hat wohl immer sofort abgeblockt. Typisch Pa, eben.«

Emma schluckte. Wie verletzt er aussah, als er das sagte. Wieder starrte er vor sich hin, nahm noch einen Schluck seines Bieres. So saßen sie noch eine Weile schweigend beisammen. Emma merkte, sie fühlte sich in seiner Nähe immer wohler, die vielen Menschen um sie herum störten sie kaum noch.

Nachdem er sein Bier ausgetrunken hatte, stand Ben abrupt auf und erklärte, jetzt noch verabredet zu sein, ob sie alleine nach Hause komme?

»Klar«, antwortete sie rasch. Doch sie hatte keine Ahnung wie.

»Also dann, morgen Nachmittag geht's los.«

6. Kapitel

Emma hatte in der Früh schon ein paar Sachen in ihren Rucksack gepackt. Viel benötigte sie für ein Wochenende nicht. Im Gegensatz zu anderen Mädchen schminkte sie sich nicht und legte keinen Wert auf Klamotten. Sie wollte nur noch ein paar eBooks auf ihren Reader laden, damit sie genug zu lesen dabei hatte. Um sich in andere Welten zu träumen, um nicht schlafen zu müssen. Und dann konnte es von ihr aus losgehen.
Der Tag an der Uni ging irgendwie vorüber. Heute hatte sie kein Seminar mit Ben. Dafür begegnete ihr dieser düstere Marco erneut und machte sie an. Diesmal trug er zwar nicht sein Totenkopf-T-Shirt, aber ein Shirt mit einem anderen strangen Motiv.
»Na, spielt keiner mit dir?«, zog er sie auf.
»Mit dir wohl auch nicht«, konterte Emma erstaunlich schlagfertig. Doch sein Blick machte ihr sofort Angst und so eilte sie schnell weiter.
Mom hatte ihr ein großes Lunchpaket liebevoll eingepackt und ihr einen dicken Kuss gegeben.
»Pass auf dich auf, Schatz. Ich denke an dich.«
»Und ich an dich.«

Ben fuhr wie versprochen am Spätnachmittag mit seinem Surferbus vor. Ein alter, orange und himmelblau angemalter VW-Bus, auf dessen Dach Bens Surfboard montiert lag. Emma stockte plötzlich ein wenig der Atem. Sie sollte jetzt ernstlich mit diesem gutaussehenden Mann in einem Surferbus mitfahren? Sie, Emma Thompson? Für einen ganz winzigen Moment fühlte sie sich wie in einer angesagten Fernsehserie. Wie die Heldin, die zu einem romantischen Wochenende mit dem Mann aufbrach, den alle anhimmelten. Nachdem dieser alberne Tagtraum-Moment vorüber war, wurde ihr eines wieder schlagartig bewusst: Ben fuhr nicht mit ihr los, weil er sie so hübsch und einzigartig fand, sondern nur um sie möglichst schnell wieder loszuwerden.

Emma, schalt sie sich innerlich selbst: vergiss es einfach, dass sich jemals so ein Mann für dich interessieren wird.

»Kommst du endlich?«, hörte sie Ben rufen. Sein Hund Sheila saß hinten und hechelte aus dem Fenster.

»Ja, warte, ich muss nur noch Bijoux tschüss sagen.« Von Mom und Anton hatte sie sich bereits eben verabschiedet, die beiden wollten zum Seebad. Emma rannte nochmal in die Hütte, wo Bijoux in ihrem Bett lag und sie traurig ansah. »Ja, du süßer, dicker Kater, du ahnst es schon, was? Ich fahre weg und das ohne dich. Aber ich komme wieder, versprochen.« Sie kraulte ihn und Bijoux schnurrte.

Sie würde ihn vermissen. Bisher waren sie keine Nacht getrennt gewesen. Erst jetzt dachte sie daran, wie sie die Nacht nur ohne ihren Kater überstehen sollte. Ohne ihn als Beschützer! Ihr Atem ging schneller und sie bekam fast keine Luft mehr. Was hatte sie sich da eingebrockt. Mit einem fremden jungen Mann in einem engen VW-Bus übernachten?! Mom hatte völlig Recht gehabt, das ging gar nicht, nicht nach dem, was damals geschehen war.

»Was mach ich denn jetzt?«, flüsterte sie aufgeregt zu Bijoux. Da hörte sie bereits Ben hupen, ungeduldig zweimal.

Ihr blieb keine Wahl, sie musste da jetzt durch. »Ich tu's für Mom«, flüsterte sie Bijoux noch zu, kuschelte ihr Gesicht in sein Fell und schloss die Augen. Nachdem sie ein wenig Kraft getankt hatte, stand sie auf, ging hinaus, schnappte ihren Rucksack und stieg zu Ben ins Auto. Er schien sich noch geduscht zu haben, denn er roch zitronigfrisch.

»Na endlich«, brummelte er und gab Gas.

Die beiden sagten eine Zeitlang kein Wort, doch dann hielt es Emma nicht mehr aus.

»Du warst bestimmt schon oft am Stechlinsee, oder?«

»Nur als Kind«, antwortete er knapp. »Meine Ma war wohl gerne dort.«

»Und wieso seid ihr nicht alle da hingezogen?«
»Tja. Weil die Kanzlei meines Vaters in Berlin ist und sein Job vorgeht. Vor allem.«
Emma hörte seiner Stimme an, wie sehr ihn diese Tatsache verletzte, all die Jahre verletzt hatte. Ihre Mom brauchte ganz sicher keinen Mann, für den die Arbeit an erster Stelle stand, dachte sie. Das hatte sie einfach nicht verdient. Emma schwor sich, niemals eine solche Beziehung führen zu wollen. Im nächsten Moment wurde ihr schmerzlich klar, dass sie sowieso nie eine Beziehung würde führen können. Wie auch, so verkorkst wie sie seitdem war. Kein Mann würde sich das antun, wo es doch so viele perfekte Frauen gab.
»Aber letztendlich bin ich froh darum, dass wir hier geblieben sind«, hörte sie Bens Stimme. »Berlin ist einfach eine coole Stadt. Man hat beides, ein aufregendes Leben und viel Natur. Für mich gibt es keine bessere Stadt in Deutschland.«
Und für mich, dachte Emma? Sie fühlte sich schon seit Jahren heimatlos. Kein gutes Gefühl.
Die Landschaft am Rande der Landstraße sah wunderschön aus. Der Anblick beruhigte sie ein wenig, auch wenn ihre Nervosität in seiner Anwesenheit groß war. Eineinhalb Stunden sollte die Autofahrt gehen, wie sollte sie die nur überstehen?
»Gibt es denn da einen Campingplatz?«, fragte sie

angespannt nach.

»Wozu? Wir stellen den Bus direkt an den See und campen wild.«

Wild. Emma fühlte sich zunehmend nervöser. Mit ihm allein in diesem Bus am See, ohne eine Menschenseele in der Nähe?

Zum Glück stellte Ben nun seinen MP3-Player an und laute Musik erklang. Sie lenkte Emma ab. Er fragte nicht nach, ob ihr die Musik gefiel. Hatte er diese egoistische Art vielleicht von seinem Vater? Egoistische Männer hasste Mom wie die Pest. Seltsam irgendwie, dass sie es bei Werner bisher nicht bemerkt hatte. Mary schwärmte Emma die Wochen zuvor so viel von ihrer Jugendliebe vor, dass Emma überzeugt war, es handelte sich um einen tollen Menschen. Aber jetzt? Mary hatte Werner mit 15 bei einer Klassenfahrt an die Nordsee kennengelernt. Bei einem Zeltlager, ganz romantisch am Lagerfeuer. Werner war damals der hübscheste Junge gewesen. Groß, durchtrainiert und so zuvorkommend. Und er hatte sich ausgerechnet für die hagere, schüchterne Mary interessiert, die daraufhin natürlich im siebten Himmel schwebte. Emma konnte sich das jetzt, wo sie Ben kannte, gut vorstellen, wie es ihrer Mutter damals ergangen war. Wenn Werner damals auch nur ein bisschen aussah wie Ben. Aber sie, Emma Thompson, würde sich von dem äußeren Schein eines Mannes nicht mehr verwirren lassen. Sie nicht.

Mary und Werner verbrachten damals mit ihren fünfzehn Jahren zwei aufregende Wochen im Sommer. Doch dann musste Mary in die Schule und nach Hause nach Bayern zurück, wo ihre alleinerziehende Mutter gerade wohnte. Emmas Mutter musste auch ohne Vater aufwachsen, einen Großvater kannten Emma und Anton nie.

Während Ben den Wagen lässig mit einer Hand lenkte und weiter beharrlich schwieg, ging Emma so einiges im Kopf herum. Ihre Mutter hatte diesen Werner mit 15 kennengelernt. Ein Mensch veränderte sich ab diesem Alter noch so extrem. Wie konnte sie nur davon ausgehen, dass er ein Guter sei? Ihre Mom war eindeutig zu leichtgläubig für diese Welt. Mary hatte noch nie am eigenen Leib etwas Schreckliches erfahren, nicht so wie Emma vor ein paar Jahren. Emma fröstelte, obwohl durch das offene Fenster des Busses warme Abendluft hereinströmte. Sie beobachtete Ben erneut heimlich von der Seite. Sollte sie besser in ein Hostel gehen diese Nacht? Um nicht mit ihm allein in diesem Wagen schlafen zu müssen? Allein, wild am See? Wo ihr keine Menschenseele zu Hilfe eilen könnte? Wo sie keiner hörte? Ob es dort überhaupt Hostels gab? Oder sonst eine günstige Unterkunft? Vermutlich nicht.

So langsam nervte sie Bens Musikgeschmack. Es lief die ganze Zeit Techno oder was Emma dafür hielt. Sie kannte sich musiktechnisch nicht besonders gut aus. Ging nie in Clubs oder dergleichen. Ben dagegen offenbar schon. Sonst hätte er ja nicht so viel von dieser Einheitsmusik.

»Kannst du vielleicht mal anderen Brei, äh... ich meine Musik anmachen?«, fragte sie forsch.

Er sah sie nur herausfordernd belustigt an. »Ungern wieso?«

»Ach nur so.« Sie hatte keine Lust, sich mit ihm anzulegen. Nicht so kurz vor der gemeinsamen Nacht. Vor der ihr inzwischen graute.

Emma nahm ihren eBook-Reader zur Hand und begann zu lesen. Sie brauchte Ablenkung von ihm. Von der Vorstellung, ihm ausgeliefert zu sein. Doch sie konnte sich nicht konzentrieren, sah ihn wieder an und platzte spontan heraus, ohne darüber nachzudenken, wie es ankam: »Was denkst du?«

Er verdrehte die Augen. »Die Lieblingsfrage aller Frauen.«

»Ich bin nicht wie alle Frauen«, entgegnete Emma sofort.

»Stimmt. Du bist anders. Ziemlich anders.«

Es klang wie bei seinem Vater kürzlich nach einer Beleidigung, nach was auch sonst? Aber Emma hatte ihm auch eine Vorlage gegeben, musste sie sich eingestehen. Unwohl versenkte sie ihre Nase wieder in ihrem eReader. Nicht einmal dieses gute Buch, das sie gerade las, von ihrer Lieblingsautorin, konnte ihren Herzschlag beruhigen.

***

Ben beobachtete die lesende Emma beim Fahren heimlich aus den Augenwinkeln. Was hatte er sich da nur eingebrockt? Jetzt musste er diese seltsame Frau auch noch das ganze Wochenende um sich haben. Zugegeben, sie plapperte nicht so viel wie die meisten anderen, was sehr angenehm war. Aber letztendlich wollte sie auch irgendwann das Eine: Reden. Sie wirkte zwar schüchtern und verängstigt, fragte vorsichtiger nach, als er es von anderen Frauen kannte, aber er hatte keine große Lust auf anstrengende Gespräche. Das gestern im Biergarten reichte ihm vollauf. Man konnte die Vergangenheit nicht rückgängig machen. Sie konnte ihm seine kaputte Kindheit nicht durch eine strahlende, glückliche ersetzen. Auch nicht, wenn sie seine Mutter finden würden und sich diese als total reumütig herausstellte. Es würde einfach nichts bringen, aber das verstand diese Emma nicht. Tiefe Wunden heilten nicht komplett, egal wie sehr man es sich wünschte. Sie hinterließen hässliche Narben, für immer. Wozu machte er es also?

Die monotone Musik hämmerte in sein Hirn. Bilder von damals, als er sieben war, kamen ihm wieder in den Sinn. Bilder einer heilen Familie, Mama Papa Kind. Ben erinnerte sich nicht an viel, aber an verschiedene Situationen. Wie er von seiner Mutter in die Kita gebracht wurde. Wie er die Arme nach ihr ausstreckte. An den Tag als er eingeschult wurde und sie ihm eine selbstgebastelte Schultüte überreichte. Ben wollte damals eine Schultüte mit Baggern darauf, aber seine Mutter hatte eine mit Bärchen gebastelt. Ben hatte geheult, sich geschämt und sich geweigert, die Schultüte mit in die Schule zu nehmen. Das tat ihm heute so unendlich leid. Hatte er sie so vertrieben, durch seine oft trotzige, anstrengende Art? Er erinnerte sich noch, dass seine Mutter viel weinte, ganz bestimmt wegen ihm. Er hatte es schon damals auf sich bezogen, dass mit ihm irgendetwas nicht stimmte, dass sie ihn nicht liebte. Als sie dann plötzlich weg war und sein Vater ihm erstmal erklärte, dass sie im Urlaub sei, hatte er sich sehr gewundert. Wieso fuhr seine Mutter ohne ihn und seinen Vater in Urlaub? Wollte sie die schönste Zeit des Jahres nicht mit ihm, ihrem Sohn, verbringen? Es nagte sehr an ihm. Ben fühlte sich abgestoßen, unwohl und machte Ärger in der Schule. Sein Vater kam damit nicht klar. Oft wurde er von der Lehrerin in die

Schule bestellt und musste sich anhören, wen sein Sohn wieder verprügelt hatte. Der Urlaub seiner Mutter zog sich immer mehr dahin und jedes Mal wenn Ben fragte, wann sie wieder komme, antwortete sein Vater: »Bestimmt bald.« Aus »Bestimmt bald« wurden mehrere Wochen, Monate, Jahre. Und bald hieß es: »Sie kann leider nicht, sie würde so gerne.«

Anfangs rief sie noch regelmäßig an und sagte, »Ben-Schatz, ich kann hier leider nicht weg, aber ich hab dich so lieb«. Aber Ben verstand es nicht, wie das zusammengehen konnte. Weder sein Vater, noch seine Tante, die immer nur sagte, er solle seinen Vater fragen, konnten es ihm je erklären.

Ben weinte damals jeden Abend im Bett und eine Zeitlang nässte er auch wieder ein. Sein Vater flüchtete immer öfter ins Büro und so wuchs Ben anfangs mehr bei seiner Großmutter auf, die ein paar Häuser weiter wohnte. Doch diese starb kurz vor seinem 15. Geburtstag und seitdem fühlte er sich noch einsamer. Seine Großmutter war zwar kein sehr herzlicher Mensch, aber da Bens Herz sowieso schon verschlossen war, störte ihn das nicht sehr. Sie erzog ihn recht streng, so wie sie selbst damals erzogen wurde, und nahm seinen Vater, ihren Sohn, immer in Schutz: »Einer muss doch das Geld verdienen, darum ist dein Vater immer so lange weg. Wenn er könnte, würde er

natürlich viel lieber mit dir Fußball spielen.«
Dass dem nicht so war, wusste Ben insgeheim, denn sein Vater hatte noch nie gerne mit ihm gespielt. Jedes Mal wenn er mit ihm Playmobil spielen wollte, hatte er irgendeine Ausrede, nur seine Mutter, die spielte ab und zu mit ihm. Daran erinnerte er sich, wie sie mit verstellter Stimme die Figuren sprechen ließ. Wie viel Spaß es machte, mit ihr mit dem Piratenschiff eine Insel zu erobern.
Aufgewühlt schluckte er. Jedes Mal, wenn er an sie dachte, an die frühere, unbeschwerte Zeit, zog es ihm sein Herz zusammen und alles kam wieder hoch. Deshalb hatte er die letzten Jahre versucht, nicht mehr an sie zu denken, doch es gelang nicht und würde vermutlich nie gelingen.
Ben dachte nach. Schmerzender konnte das Gefühl nicht werden. Er konnte nur hoffen, dass Emma Recht behielt und es ein kleines wenig leichter wurde, sobald er den wahren Grund kannte. Selbst wenn der einfach nur wäre, dass seine Mutter eine hartherzige, egoistische Person sei. Gerade kürzlich hatte er gelesen, dass es einige Frauen gebe, die ihre Mutterschaft bereuten. Die sich aufgrund einer Umfrage in Israel geoutet hätten, auch in Deutschland. Jetzt, wo sie wussten wie anstrengend das mit einem kleinen Kind sein konnte, wünschten sie sich ihr altes Leben zurück. Das hatte es schon immer gegeben, dass Mütter ihre kleinen Kinder

zurückließen. Nicht jede Frau war schließlich dafür geboren, Hausfrau und Mutter zu sein. Ben wusste, dass seine Mutter damals nach seiner Geburt nicht wieder gearbeitet hatte, außer eben kurz in dieser Bäckerei. Hatte sich seine Mutter einfach gefangen gefühlt? Ans Haus gefesselt durch ihn?

Es war müßig und führte zu nichts. Je mehr er darüber nachdachte, desto klarer wurde ihm, dass er dieses Geheimnis für sich tatsächlich lüften musste.

Emma räusperte sich gerade, er sah einen Moment zu ihr herüber. Sie wirkte total versunken in ihr Buch, schien eine echte Leseratte zu sein, starrte die ganze Zeit in ihren eBook Reader. Ständig drückte sie weiter und weiter und immer weiter. Die Mädchen aus seiner Clique lasen, so viel er wusste, nicht so viel. Er selbst hatte auch schon länger keinen Roman mehr gelesen. Nachdem ihn seine Mutter verlassen hatte, als er bereits ganz gut lesen konnte, hatte er sich in seine ersten Bücher gestürzt. Dort fand er eine heile Welt, intakte Familien und man konnte fliehen, aus der bitteren Realität. Ben hatte viele Jahre sehr viel gelesen, doch dann, als seine Großmutter starb, ließ er es sein. Die schönen Geschichten machten ihm nun erst recht klar, was ihm fehlte, wonach er sich so unendlich sehnte. Und deshalb hatte er seitdem, seit seinem fünfzehnten Lebensjahr, kein Buch mehr freiwillig in die Hand genommen. Nur für die Schule natürlich und fürs Studium, aber keinen Roman. Fast beneidete er Emma, wie diese in andere Welten abtauchen, ihre Sorgen vergessen konnte, zumindest für einen kurzen Augenblick. Im selben Moment wunderte es ihn, dass auch sie so wirkte, als hätte sie in ihrem jungen Leben bereits etwas Schreckliches erlebt. Er sah es an ihrem Gesichtsausdruck, an ihren traurigen Augen. Er spürte es an ihrer Scheu, wie sie jedes Mal zurückzuckte, wenn ihr jemand zu nahe kam. Was konnte es sein? Vielleicht würde er es an diesem Wochenende erfahren. Das Herz der meisten Frauen lag auf ihrer Zunge, sagte man. Aber auch in dieser Beziehung, so spürte Ben, schien Emma anders zu sein.

So verschlossen sie bisher auf ihn wirkte, so schwer würde es werden, mehr über sie zu erfahren. Auf der anderen Seite, was interessierte es ihn überhaupt? Er wollte sie loswerden, sie und ihre Mutter, die neue Freundin seines Vaters. Die Frau, für die dieser plötzlich Zeit zu haben schien. Ben fragte sich selbst, ob er ihm das Glück nicht gönnte, doch das war es nicht, was ihn bewegte. Die Frau tat ihm leid, sie schien sympathisch zu sein. Wie sein Vater wirklich sein konnte, das wusste diese Mary bis jetzt noch nicht. Er wollte sie schützen und vor allem auch, dass alles so blieb wie zuvor. Er

brauchte keine Stiefmutter. Und erst recht keine Stiefgeschwister. Ben wunderte sich über sich selbst. Was machte er sich nur für Gedanken? Viel zu viele über dieses unscheinbare, scheue Mädchen. Die Fahrt zog sich in die Länge und Ben bekam Hunger. Er hatte nicht daran gedacht, sich etwas Proviant einzupacken. Nicht einmal einen Apfel oder eine Banane hatte er eingesteckt, wie sonst.
»Ich krieg so langsam Hunger, wir halten am besten an der nächsten Tankstelle.«
»Brauchst du nicht, meine Ma hat mir ein riesiges Fresspaket eingepackt, davon wird eine ganze Armee satt.«
Sie kramte bereits in ihrer Tasche.
Wie schön, wenn man selbst in dem Alter noch eine Mutter hatte, die so für einen sorgte, dachte er wehmütig. Diese Mary schien wirklich eine liebenswerte Frau zu sein. Viel zu schade für seinen Pa.
»Großartig. Dann her damit.« Er lächelte sie an und sie lächelte zaghaft zurück.

***

Emma öffnete das Lunchpaket ihrer Mom und fast traten ihr Tränen in die Augen. Wie liebevoll sie alles zubereitet und eingepackt hatte. Obstsalat in

einem kleinen Plastikbehälter, Sandwiches mit Salat und Gurke, eine selbstgemachte Quarkspeise mit Erdbeeren und als Nachtisch ein paar Schokoriegel, ihre Lieblingsschoki. Dazu Löffel, bunte Servietten, kleine Gabeln. Sie zeigte Ben alles und der freute sich.
»Wow, deine Ma ist der Hammer.«
»Das ist sie.«
»Ihr habt ein richtig gutes Verhältnis, kann das sein?«
Emma hatte fast das Gefühl, sie müsse sich dafür entschuldigen. Denn schließlich vermisste Ben seine Mutter so sehr. »Ja, besonders seit damals ... ich meine...« Sie hatte sich verplappert, hielt angespannt inne.
Ben merkte auf. »Was ist denn damals geschehen?«, hakte er vorsichtig nach.
»Nichts«, antwortete Emma viel zu schnell. »Willst du ein Sandwich?«
»Ja gerne.«
Sie reichte es ihm. Wie dumm von ihr. Es war ihr noch niemals herausgerutscht. Aber Ben fühlte sich irgendwie schon so vertraut an, als würden sie sich viele Jahre kennen. Schweigend und kauend fuhren sie weiter durch die brandenburgische Landschaft, die immer ländlicher wurde. Emma glaubte zwar eigentlich nicht daran, aber wer wusste es schon, vielleicht kannte sie ihn ja aus einem früheren

Leben? Auf der anderen Seite, die Vorstellung, die Nacht mit ihm in diesem engen Bus zu verbringen, jagte ihr Schauer ein. Denn selbst den Menschen, denen sie vertraute, konnte sie nicht mehr vertrauen. Emma wusste, es hörte sich verrückt an.

Nachdem sie sich den Bauch mit Moms Köstlichkeiten vollgeschlagen hatten, zeigte das Navi an, dass sie den Stechlinsee gleich erreichen würden.

Emma wurde immer nervöser und sie spürte, dass es Ben ähnlich ging. Sheila streckte ihren Kopf zu ihnen vor und Emma kraulte sie. Was für ein lieber Hund.

Sie dachte nervös nach. Was, wenn die Ex von Werner ihn wirklich als miesen Kerl darstellte? Konnte man ihr dann wirklich glauben? War das Ganze nicht eine ziemliche Schwachsinnsidee? Wie sehr würde es Mom verletzen? Wohin sollten sie dann nur gehen? Emmas Herz pochte. Wie hatte Ben gesagt? Er wüsste keine andere Stadt in Deutschland, die so viel Lebensgefühl bot?

Angespannt schlug Ben vor, erstmal an den See zu fahren. Er wollte surfen. Moment mal, dachte Emma. Wollte er sich drücken? Sie widersprach. »Zuerst fahren wir zu der Bäckerei, die wir gegoogelt haben. Dann haben wir es vielleicht schon hinter uns.«

»Nein, haben wir nicht«, fauchte er und Emma

verstand. Ihm ging es ähnlich wie ihr. Auch seine Seele würde niemals heilen. Sie schluckte.
»Tut mir leid. Aber ich fahr jetzt erstmal an den See surfen. Und was machst du?«
Überrumpelt sah sie ihn an. »Ich dachte, wir gehen da gemeinsam hin?«
»Ich kann nicht«, erwiderte er leise und starrte geradeaus.

7. Kapitel

Der Bus fuhr vor der Bäckerei vor, die sie in das Navi eingegeben hatten. Ben stieg nicht aus, sah Emma nicht an.
»Willst du jetzt aussteigen oder nicht?«, fragte er tonlos.
»Ich ... ich kann doch nicht alleine ...« Ihre Hände wurden plötzlich schweißnass.
»Doch, kannst du.«
Verdutzt sah sie ihn an. Er hatte Recht. Sie konnte. Natürlich konnte sie. Sie musste sogar, für ihre Mom. Um sie zu schützen, wenn es denn nötig sei. Entschlossen stieg sie aus, schlug die Tür des Wagens zu und Ben fuhr los. »Hey, wann holst du mich denn wieder ab?«, rief sie ihm hinterher, doch der Bus brauste einfach davon. Na wunderbar. Zum Glück gab es Handys. Aber diese Art ärgerte Emma sehr. Mochte er noch so verletzt sein, sie hier einfach auszusetzen und zu flüchten, war nicht gerade die feine englische Art.
Sie sah dem bunten VW-Bus mit dem Surfbrett auf dem Dach grummelig nach. Sollte sie da jetzt wirklich alleine reingehen und einfach nach seiner Mutter fragen? Er hatte ihr den vollen Namen genannt. Aber was, wenn seine Wunden schließlich noch tiefer werden würden?

Emma seufzte. In was für einen Schlamassel hatte sie sich da nur hineingeritten? Warum eigentlich? Was mischte sie sich in Bens Leben so ein? Wirklich nur für ihre Mom? Emma wunderte sich über sich selbst, da sie sich die letzten Jahre so gut wie nicht für andere interessierte. Außer natürlich für ihre kleine Familie.

Sie atmete tief durch. Die Sonne schien. Die Bäckerei sah von außen aus, als gebe sie es schon viele Jahre, als handelte es sich um einen kleinen Familienbetrieb. Der Laden wirkte freundlich und dennoch spürte Emma Angst in sich. Sie, die noch nie alleine gereist war, die sich nie durchfragen musste, die Scheu vor Menschen hatte. Sollte sie da jetzt einfach hineinmarschieren und nach einer gewissen Sunny Wagner fragen? Ausgerechnet sie sollte alte Wunden wieder aufreißen? Sie, die wusste, wie sich seelische Schmerzen anfühlten? Denn Bens Mutter musste ja vermutlich auch gelitten haben oder es immer noch tun. Außer sie wäre eine völlig gefühllose Frau. Und das konnte sich Emma einfach nicht vorstellen.

Kunden gingen in die Bäckerei und kamen mit Brot oder Kuchentüten wieder heraus. So stand Emma eine ganze Weile da, bis sie sicher sein konnte, dass sich im Moment kein Kunde im Laden befand. Endlich fasste sie sich ein Herz und ging mit zittrigen Knien auf den Laden zu. Ein himmlischer

Geruch nach frischen Brötchen und süßem Gebäck strömte ihr entgegen. Sie könnte da jetzt auch einfach reingehen, sich einen leckeren Erdbeerkuchen kaufen und wieder verschwinden, dachte sie. Ben schien es ja nicht unbedingt zu wollen, dass sie hier nachforschte. Aber wäre er dann wirklich mit ihr hierher gefahren? Er wollte es schon, traute sich aber nicht. Und Emma verstand das nur zu gut. Erneut gab sie sich einen Ruck, öffnete die klingelnde Ladentür und nun strömte ihr auch noch frischer Kaffeeduft entgegen.

Eine runde, freundlich wirkende etwas ältere Verkäuferin mit hochgesteckten braunen Haaren lächelte ihr entgegen. Eine junge, vermutlich Auszubildende, mit rotgefärbten Haaren und einem Tattoo auf dem rechten Arm, sortierte die Gebäckstücke.

»Guten Tag«, flötete ihr die ältere Verkäuferin entgegen.

»Guten Tag«, brachte Emma angespannt heraus. Sie sah sich nicht die Auslage an, sondern starrte auf die Verkäuferinnen.

»Was kann ich denn für Sie tun?«, fragte die Ältere, Füllige nach.

»Ich ... also es ist so ...« Emma stotterte herum, hatte sich dummerweise keinen Text überlegt. Die Jüngere sah irritiert auf.

Emma fasste sich ein Herz und sagte es einfach

geradeheraus. »Also ich suche jemanden. Und zwar eine Sunny Wagner. Sie hat hier mal gearbeitet.«
Für einen Moment sahen sich die beiden Verkäuferinnen an. Die Jüngere arbeitete weiter, die Ältere wirkte nun deutlich distanzierter.
»Ach ja? Und wer sind Sie, wenn ich fragen darf?«
»Ich, also ich bin Emma Thompson und ...« Was sollte sie denn jetzt nur sagen? Sie verstummte.
»Um was geht es denn?«, half die Verkäuferin weiter.
Doch das konnte Emma im Moment auch nicht formulieren. Was tat sie hier überhaupt? Sie musste jetzt etwas sagen, für Ben, für ihre Mom.
»Das würde ich ihr lieber direkt sagen wollen. Es ist zu persönlich, tut mir leid.«
Die Verkäuferin wirkte eingeschnappt. Ihre Neugierde wurde nicht befriedigt. »Also so kann ich Ihnen leider nicht weiterhelfen.«
Sie drehte sich um und begann die Kaffeemaschine mit einem Schwamm abzuwischen. Die Azubine schien sich über ihre Kollegin zu wundern, warf Emma einen entschuldigenden Blick zu.
Die Erdbeerschnitten sahen köstlich aus. »Dann nehme ich noch zwei Erdbeerschnitten, bitte.«
Die Azubine nickte und packte sie ihr ein. »Macht fünf Euro.«
Emma zahlte unzufrieden, die rundliche Verkäuferin ging in den hinteren Raum. Emma

wollte schon wieder gehen, da raunte ihr die Azubine noch zu, am besten, ihre Telefonnummer hier zu lassen. Damit man sie anrufen könne, falls jemand diese Frau doch noch kenne. Sie wollte mal rumfragen. Aber große Hoffnung sollte sich Emma nicht machen.

»Verstehe.« Emma schrieb ihr die Nummer auf eine Brötchentüte, verabschiedete sich und trat frustriert vor den Laden.

Was sollte nur Ben von ihr denken? Zur Meisterdetektivin taugte sie eindeutig nicht. Entmutigt ging Emma noch ein paar Schritte die kleine Straße entlang und sah sich um. Hübsch sah es hier aus. Dennoch wurde sich Emma bewusst, dass sie in so einem kleinen Ort wirklich nicht mehr wohnen wollte. Ihr Leben nicht mehr verschlafen. In Berlin dagegen hieß es, lebte man am Puls der Zeit. Allein schon wie viele Kulturangebote es in den Stadtmagazinen gab. Emma hatte sich bisher noch nicht getraut, alleine auf irgendwelche Veranstaltungen zu gehen. Aber falls sie an der Uni bald ein paar Leute kennenlernen sollte, hätte sie schon Lust dazu. Bei so vielen Menschen würde vielleicht eine Freundin dabei sein, eine, die zu ihr passte. Von ihr aus auch eine, die genauso verkorkst war wie sie.

Falls dieser Werner wirklich nicht der Richtige für Mom sein sollte, so wollte Emma ihre Mutter dazu überreden, erstmal in Berlin zu bleiben. Der Stadt eine Chance zu geben. Es fühlte sich gut an, wagemutig, aber gut. Ein kleiner Fortschritt in ihrer bisherigen Starre.

Emma nestelte ihr Handy heraus und rief Ben an. Aber es sprang nur die Mailbox an. Vermutlich surfte er bereits draußen auf dem See. Na wunderbar. Was mache ich denn jetzt? Sie beschloss, das zu tun, was sie sich die letzten Jahre nicht getraut hätte: alleine die Gegend zu erkunden. Auch wenn ihr auf ihrem Weg ein Mann begegnen konnte. Schließlich schien die Sonne und Emma beschloss, sich ihr Leben nicht von den Dämonen ihrer Vergangenheit kaputt machen zu lassen.

***

Die Sonne ging bereits unter. Ben hatte die leicht zitternde Emma mit dem Bus aufgesammelt und sie fuhren zum See, um dort die Nacht zu verbringen.

Emma betrachtete ihn von der Seite. Sein Haar sah nass aus, es stand ihm sehr gut. Er wusste bestimmt genau, wie er auf Frauen wirkte, was er ausstrahlte. Wie vielen Freundinnen er wohl schon das Herz gebrochen hatte? Emma spürte ihr eigenes Herz, das aufgewühlt pochte und sie bekam erneut Angst. Was sollte das, was wollte ihr Herz

ihr sagen? Sie durfte sich auf keinen Fall in ihn verlieben, denn er würde ganz sicher nichts für sie empfinden. Er würde sie verletzen, selbst wenn er es nicht wollte. Und falls Mom sich tatsächlich von Werner trennen sollte, würde sie nie wieder etwas von Ben hören.
Nie wieder. Bei dieser Vorstellung zog es ihren Bauch zusammen.
Was sollte das?! Wieso spielte nur ihr ganzer Körper so verrückt?
Ben parkte den Wagen an einer einsamen Stelle am Seeufer und Sheila sprang sofort heraus und erkundete die Gegend.
»Darf man hier denn campen?«, flüsterte sie.
»Natürlich nicht«, amüsierte er sich.
»Und wieso machen wir es dann?«
»Weil wir ein Abenteuer erleben wollen. Du etwa nicht?«
Emma verstummte. Er machte sich über sie lustig, denn für ihn konnte es kein Abenteuer sein. Für sie jedoch ein Großes. Er hatte ganz sicher schon oft in der freien Natur genächtigt. Sie dagegen noch nie. Und dann noch mit einem Mann alleine. Eine ganze Nacht, durchfuhr es sie. Ohne Bijoux. Doch bevor die düstere Erinnerung an jene Nacht sie erneut überwältigen konnte, schnalzte sie einfach mit der Zunge. Wie sie es sich angewöhnt hatte, die letzten Jahre. Es sollte ihren dunklen Gedanken Einhalt

gebieten und oft funktionierte es sogar.

Während Ben einen Gaskocher, eine Campingdecke, Blechtassen und -teller und alles, was man für ein Abendessen in freier Natur brauchte, auspackte, sah Emma ihm unentschlossen zu. Sollte sie ihn bitten, mit ihr zurückzufahren, nach Berlin? Schließlich handelte es sich nur um einundhalb Stunden Fahrt. Sie kämen mitten in der Nacht an, das wäre nicht das Problem.

Doch dann hätten die Dämonen gesiegt, dann würde sie es nie wieder wagen, ein noch so kleines Abenteuer zu wagen.

Aufgewühlt atmete sie die gute Luft tief ein. »Was kann ich denn tun?«, hörte sie sich sagen.

Er blickte sie an, mit seinen schönen tiefblauen Augen und lächelte. »Dich entspannen kannst du. Mehr nicht.«

Hatte er bemerkt, wie es in ihrem Inneren um sie stand? Vermutlich keine große Kunst, oder doch? Ben schien zu spüren, was sie spürte. Und andersherum glaubte sie auch, seine Empfindungen erahnen zu können. War es das, was viele als Seelenverwandtschaft bezeichneten?

Ben wirkte erleichtert, dass sie nicht mehr über seine Mutter herausgefunden hatte, wollte morgen wieder zurück nach Berlin. Emma hatte ihm erzählt, dass sie das Gefühl gehabt hatte, dass die

Verkäuferinnen seine Mutter kannten, dass sie aber nichts sagen wollten.

»Dann sollte es wohl nicht sein«, hatte er nur gesagt. Aber sein ganzes Leben lang flüchten vor den eigenen seelischen Qualen, kam Emma immer falscher vor. Und unmöglich dazu. »Wir können ja morgen dort unsere Brötchen holen. Oder im Ort herumfragen.«

Ben zuckte nur die Schultern, wollte nicht weiter darüber reden. Er hatte in einem kleinen Supermarkt ein paar Leckereien eingekauft, auch für Sheila ein paar Hundecracker. Sie setzten sich auf die Campingdecke, Sheila daneben. Er kochte mit einer kleinen, silbernen italienischen Espresso-Kanne einen Espresso und sie aßen frisches Baguette, französischen Käse, köstliche Salami und Tomaten. Ein einfaches Essen, das unter freiem Himmel einfach umwerfend schmeckte. Dazu öffnete Ben einen Rotwein und Emma entspannte immer mehr. Zum Teil lag es sicher am Wein, aber sie spürte auch, dass es in ihr lag. Sie wollte es nicht mehr, dieses Leben in Angst. Sie dürstete nach Abenteuern, nach Leben, nach Spaß. Viel zu lange hatte sie darauf verzichten müssen. Viel zu lange hatte sie in der Vergangenheit gelebt. Ab jetzt, so nahm sie sich vor, wollte sie wieder das Hier und Jetzt genießen.

Ein Käuzchen rief und Emma zuckte unwillkürlich

zusammen. Sie lachte sofort, denn vor einem Käuzchen fürchtete sie sich natürlich nicht. Ben, der dicht neben ihr saß, sah sie nachdenklich an, als sehe er sie zum ersten Mal. »Ist dir kalt?«, flüsterte er?
Und obwohl Emma überhaupt nicht fror, da Sheila direkt neben ihr lag und sie wärmte, nickte ihr Kopf, ganz eigenwillig. Ben zog seine Jacke aus, legte sie ihr vorsichtig um die Schultern, ohne sie dabei zu berühren. So saßen sie da und Emma wagte kaum zu atmen. Die Sterne über ihnen funkelten, es sah wunderschön aus. Emma fühlte sich in seiner Nähe wohl und geborgen, so glücklich wie lange nicht zuvor. Sie verspürte keinen Fluchtinstinkt, wie sonst die letzten Jahre, wenn ihr ein Mann zu nahe kam. Ihr Herz pochte und hüpfte. Gab es Hoffnung für sie? Hieß es das? Das Wasser des Sees funkelte durch das Licht des Mondes. Emma konnte es kaum glauben, dass dieser gutaussehende Typ, den so viele Frauen in der Uni anhimmelten, ausgerechnet mit ihr hier saß. Sie wusste, es hatte nichts zu bedeuten, sie befanden sich nur auf einer missglückten Mission. Eigentlich wollte er sie loswerden. Oder etwa nicht? Emma verbat sich diese Gedanken. Diese unsinnigen, dummen Gedanken. Doch immer wieder wanderten ihre Augen heimlich zu ihm.

***

Ben hatte durchaus bemerkt, dass dieses Mädchen besonders schreckhaft und ängstlich zu sein schien. Er fragte sich erneut weshalb? Was hatte sie erlebt? Und wieso interessierte es ihn? Irgendetwas an ihr zog ihn an. Vielleicht gerade dieses Geheimnisvolle? Oder war es ihre zurückhaltende, unprätentiöse Art? All die anderen Mädchen, die er kannte, hätten jetzt schon längst mit ihm geflirtet. Emma aber schien nicht einmal zu wissen wie das ging. Oder täuschte er sich in ihr? Wusste sie es, aber er war einfach nicht ihr Typ? Er bemerkte sehr wohl, dass sie ihn immer wieder von der Seite beobachtete. Und jedes Mal, wenn er sich ihr zuwandte, blickte sie schnell wieder weg. Hatte das etwas zu bedeuten oder war sie einfach nur seltsam? Ben nahm erneut einen großen Schluck Rotwein und kam so langsam etwas herunter. Die ganze Aktion hatte ihn ganz schön aufgewühlt. Einerseits fühlte er sich erleichtert, dass sie bis jetzt nichts über seine Ma herausgefunden hatte. Nichts, außer dass sie wirklich einmal in dieser Bäckerei ausgeholfen haben musste. Zumindest kannten sie Sunny wohl wie es klang. Andererseits hatte er sich so weit überwunden, mit Emma hier herzufahren, dass er auch irgendwie Enttäuschung in sich spürte, nicht weitergekommen zu sein. Morgen wollte Emma weiterforschen, deshalb übernachteten sie hier. Ob sie wusste, wie eng die Schlafgelegenheit im Bus war? Er hatte schon oft mit Danny darin geschlafen, einmal auch mit irgendeiner damaligen Freundin. Aber mit einem fremden, so scheuen Mädchen, das konnte etwas werden. Ben hatte keine Lust auf dem Fußboden zu schlafen, denn den hatte er schon länger nicht mehr geputzt. Dort tanzten die Küchenschaben Tango.

Seine Augen wanderten immer wieder zu ihr. Was für zarte, schmale Hände sie hatte. Er mochte ihre feine Haut und ihre himmelblauen Augen. Sie wirkte so unschuldig, so rein. Ben spürte, wie sich sein Magen zusammenzog. Er schien genug Alkohol getrunken zu haben, was sonst wollte ihm sein Magen sagen?

Er genoss es, dass sie so wenig sprach. Mit ihr konnte man schweigen, den Sternenhimmel genießen. Doch er merkte, sie fröstelte immer mehr.

»Lass uns in den Bus gehen, wir sollten schlafen«, sagte er also.

Sie blickte ihn wieder an, mit großen, ehrlichen Augen. »Gleich. Ich wollte dich noch etwas fragen.«

»Dann frag.«

»Meinst du, dass du ... dass du ihr jemals verzeihen kannst?«

Es fühlte sich an, als habe sie ihm einen Schlag ins Gesicht verpasst. Ben schluckte und er spürte, dass sie auch von sich sprach. Dass sie sich fragte, ob sie das, was auch immer sie erlebt hatte, jemals verzeihen konnte. Drum wählte er seine Worte mit Bedacht.

»Ich glaube, dass man durchaus verzeihen kann, aber niemals vergessen.«

Sie nickte nachdenklich, fuhr sich mit ihrer zarten Hand übers Gesicht.

»Und dass man verzeihen sollte, um selbst wieder nach vorne schauen zu können. Um selbst wieder zu leben.«

»Das stimmt«, hauchte sie. »Und kannst du das?«

»Nein«, lächelte er traurig. »Noch nicht, du?«

Ertappt sah sie ihn an, lenkte schnell ab: »Dafür musst du wissen, warum sie es getan hat, stimmt's?«

Er nickte und sah sie an. »Danke, danke, dass du mich hierher geschleppt hast. Wir finden es noch heraus, was meinst du?«

»Das werden wir, versprochen.«

Sie lächelte ihn schüchtern an und Ben fühlte sich ihr plötzlich so nahe, so seltsam vertraut. Es jagte ihm beinahe Angst ein und so preschte er vor und stand auf. »So, jetzt wird aber endlich geschlafen. Sheila schläft eh schon. Unser Bett ist etwas schmal, aber wir kriegen das schon hin, oder?«

Erschrocken sah sie ihn an, versuchte sich sichtlich zusammenzureißen.

»Wenn du dich nicht allzu breitmachst?«, scherzte sie mit zittriger Stimme.

Als sie dann kurz darauf neben ihm lag, mit dem Rücken zu ihm, roch er ihren blumigen, zarten Duft. Er betrachtete ihren Rücken, der so verletzlich wirkte, ihre schmale Taille, das etwas breitere Becken. Ben schloss die Augen, versuchte einzuschlafen, doch es gelang nicht, so laut pochte sein Herz.

Was wenn sie seine Mom tatsächlich finden würden? Konnte er ihr wirklich jemals verzeihen? Wie er es sich so schön vorgenommen hatte.

Was für ein Mensch sie wohl war? Er erinnerte sich an ihre himmelblauen Augen, ganz ähnlich denen von Emma. Aber an viel mehr leider nicht mehr. Weder an ihre Stimme, noch an ihren Geruch. Sicher kannte er Fotos und er hatte auch eines eingesteckt, aber Emma gezeigt hatte er es bisher noch nicht. Er hütete diesen Schatz seit seiner Kindheit, wollte ihn mit niemandem teilen. Nur im äußersten Notfall, wenn sie sonst überhaupt nicht weiterkämen, wollte er es ihr zeigen. Das Bild seiner Kindheit.

Während er so dalag und Emmas Haar, das sich auf seiner Schulter breitgemacht hatte, betrachtete, hörte er ihren ruhigen, tiefen Atem. Sie schien eingeschlafen zu sein. Er jedoch spürte, er könne jetzt kein Auge zutun. Woran das lag, konnte er sich selbst nicht erklären. Er hörte Sheila im Schlaf grunzen. Schon seltsam, wie schnell sie mit Emmas Kater warm geworden war. Eher ungewöhnlich für einen Hund. Während Ben daran dachte, wie niedlich die beiden im Garten herumtollten, spürte er, wie seine Augenlider immer schwerer wurden.

8. Kapitel

Am nächsten Morgen wachte Emma auf und fühlte sich, als habe sie zwölf Stunden wohlig geschlafen. Dabei zwitscherten die Vögel, als sei es sehr früh am Morgen. Emma räkelte sich entspannt, schlug erst jetzt die Augen auf und starrte Ben direkt ins Gesicht. Ben, dessen Oberkörper nackt war. Erschrocken schrie sie auf, setzte sich aufrecht hin und registrierte , wo sie sich befand. Zum Glück trug sie noch alle Kleider und Ben eine Jeans.
»Sehe ich so gruselig aus am frühen Morgen?«, wollte Ben amüsiert wissen.
»Anscheinend schon«, konterte Emma schwach. »Der Anblick und Geruch eines frischen Kaffees wäre mir jedenfalls lieber.«
»Hey, nicht frech werden.« Er grinste. Emma biss sich auf die Zunge. Es rutschte ihr einfach so heraus.
»Aber nichts leichter als das.« Er lächelte, mit Grübchen, wuschelte sich durch seine verstrubbelten Haare, es stand ihm leider äußerst gut. Was machte dieser hübsche Kerl hier mit ihr, was machte sie hier?! Emma ärgerte sich über sich selbst. Diese ganze Fahrt würde vielleicht ihm etwas bringen, wenn sie seine Mutter fänden. Aber ob es Mom davon abhalten würde, mit Werner

zusammen zu sein, bezweifelte Emma gerade wieder. Jetzt im hellen Morgenlicht schien die Welt eine andere. Mom hatte sich noch nie etwas sagen lassen, erst recht nicht von irgendwelchen Exfrauen ihrer Freunde.

Er schwang sich auf, zog sich über seinen nackten Oberkörper sein zerknuddeltes T-Shirt. Da er in Jeans geschlafen hatte, konnte doch nichts passiert sein, oder? Emmas Herz raste. Wieder drängten sich Erinnerungsfetzen empor und wieder schnalzte sie mit der Zunge.

»Was schnalzt du denn immer so mit der Zunge?«, wollte er von draußen wissen, während er einen Espresso auf dem Gaskocher bereitete.

»Ich? Keine Ahnung«, erwiderte sie schnell. Sie merkte es oft selbst nicht.

»Ich trinke morgens immer nur einen Kaffee. Wenn du frische Brötchen willst, die gibt's erst später, wenn wir wieder in den Ort rein fahren.«

Emma lächelte vor sich hin. »Kein Problem. Erstmal Kaffee ist gut.«

Die Luft roch herrlich hier am See und der Anblick des glitzernden Wassers überwältigte sie. Hatte nicht Fontane einen Roman geschrieben, in dem der Stechlinsee vorkam? Emma ärgerte sich über ihr Gedächtnis, das sich Dinge merkte, die es vergessen sollte und andere, die es sich merken sollte, wußte es nicht mehr.

»Weißt du, wie der Roman von Fontane hieß, der vom Stechlinsee handelt?«, fragte sie einfach Ben. Auch wenn sie nicht wirklich glaubte, dass er es wissen würde.
»Natürlich. ›Der Stechlin‹«. Er verblüffte sie.
»Genau. So hieß er. Liest du etwa gerne?«
»Früher ja. Aber seit ... seit ich ungefähr 15 war nicht mehr.«
»Wieso das? Was ist damals geschehen?«
»Ach ... meine Großmutter ist gestorben. Und mit ihr die Geschichten.«
Emma spürte, er wollte nicht darüber reden. Wie über so vieles, wie sie auch nicht.
Ben reichte ihr den frischen Kaffee in einer hübschen weißen Espressotasse. Er hatte Stil. Das gefiel ihr. Und mit seinen vom Schlafen verwuschelten Haaren sah er noch besser aus als sonst.
Sie musste wegsehen, starrte auf den See, auf dem ein paar Schwäne schwammen. Wie edel und schön sie aussahen, wie mutig und stark.
Emma fühlte sich stolz, die Nacht mit einem fremden Mann so gut überstanden zu haben, fühlte sich stärker als gestern und mutiger.
»Wenn wir gleich die Brötchen dort holen, vielleicht reden sie ja heute über deine Ma? Ich hab sie vermutlich ein bisschen überrumpelt«, sprudelte Emma los. »Und wenn sie nichts sagen,

warum auch immer, fragen wir im Ort nach. Irgendjemand wird bestimmt reden.«

Ben sah plötzlich aus wie ein kleines, verletztes Kind. »Ich weiß nicht.« Er betrachtete den Schwan, hinter dem nun ein graues Schwanenkind herschwamm. Ein hässliches Entlein. Emma hätte ihn am liebsten in den Arm genommen.

»Du meinst, dass es mir guttun würde, alles zu wissen. Aber was, wenn doch nicht, frag ich mich die ganze Zeit?«

Emma schluckte. Sie konnte es nicht garantieren. Sie wusste nur, sie wollte ihm helfen, versuchen ihn ein wenig zu heilen, wenn es schon bei ihr so unmöglich schien.

»Wenn du dir dein ganzes Leben lang diese Fragen stellst, immer und immer wieder, dann wirst du doch auch nicht glücklich«, sagte sie schließlich. Sie wusste, wovon sie sprach. Wie oft hatte sie alles im Kopf gewendet und gedreht, all das, was damals geschah. Wie einen Teigklumpen, der seine Form einfach nicht hielt.

Ben nickte. »Stimmt schon. Zu verlieren hab ich nichts mehr.«

Sie sahen sich an und Emma erkannte diese Sehnsucht in seinen Augen, nach Liebe und Geborgenheit. Ihr Herz flatterte, aber sie riss sich los.

Schnell fing sie an, die Frühstücksutensilien

zusammenzupacken und er half ihr, sah sie dabei immer wieder so merkwürdig an. Gemeinsam verstauten sie alles im Wagen und Sheila rannte ihnen zwischen die Beine. Anschließend machten sie sich auf, mit dem Surfer-Bus in den Ort zurück, den Emma wurde das Gefühl nicht los, dass die Verkäuferinnen Sunny Wagner kannten.

Doch in der Tür der Bäckerei prangte ein Schild: »Geschlossen«.

»Oh nein«, entfuhr es Emma. »Wieso das denn? Ernsthaft?«

»Wir sind eben nicht in Berlin.«

Damit hatte Emma nun wirklich nicht gerechnet. Jetzt konnten sie dort nicht erneut nachhaken. So ein Mist. Was sollten sie nun machen? Aber Emma wollte sich von diesem Rückschlag nicht unterkriegen lassen. Sie bat Ben, auf sie zu warten, sie wollte in den Kiosk nebenan. Der Blumenladen hatte auch offen. Vielleicht erinnerte sich dort ja jemand an Sunny Wagner und war bereit, darüber zu reden.

»Warte, ich gebe dir ein Foto mit«, sagte Ben plötzlich mit belegter Stimme.

»Ein Foto?«

»Von meiner Ma.«

»Du hast eines?«

Ben hatte zuvor behauptet, keines mehr zu besitzen. Jetzt kramte er es heraus und zeigte es ihr. Eine hübsche brünette junge Frau mit reiner Haut und himmelblauen Augen blickte ihr auf einer Wiese entgegen. Die Ecken des Fotos sahen schon ziemlich mitgenommen aus.

»Das ist sie«, flüsterte er.

»Sie sieht wunderschön aus. Irgendwie traurig.«

»Ja. Diesen Blick, den hatte sie oft. Keine Ahnung warum.«

Emma sah sich den Bildhintergrund genauer an, doch er ließ keine Schlussfolgerungen zu, wo sie sich befinden könnte.

So ging Emma mit dem Foto in der Hand in den Kiosk und den Blumenladen neben der Bäckerei. Doch weder die Kioskbesitzerin noch die des Blumeladens kannten eine Sunny Wagner, die Frau auf dem Bild.

Frustriert kehrte Emma zu Ben zurück, der angespannt im Bus sitzen geblieben war. »Und?«

»Leider nichts. Kein einziger Hinweis. Wir müssen unseren Radius vergrößern. So machen das die Cops im Fernsehen doch auch immer.«

Ben nahm das Foto ernst wieder entgegen, schüttelte den Kopf. »Wir fahren nach Berlin. Morgen ist unser Seminar mit Anwesenheitspflicht. Mir wäre das egal, aber dir ist das doch so wichtig, habe ich Recht? Du willst doch die Welt retten.« Sein Ton klang plötzlich etwas spöttisch, vermutlich einfach nur verletzt. Sie sah es ihm nach.

»Und wenn du doch mal mit deinem Pa sprichst? Über früher meine ich? Vielleicht hat der noch einen Hinweis.«

Ben seufzte. »Du gibst ja eh keine Ruhe.«

Emma ahnte, wie schwer es ihm fallen würde. »Komm, lass uns fahren. Ich vermisse Bijoux, Mom und Anton«, rutschte ihr heraus. Dabei war sie gerade mal eine Nacht von ihnen getrennt. Was für ein schönes Gefühl, eine liebe Familie zu haben, jemanden, der auf einen wartete. Auch wenn Emma wusste, es wurde höchste Zeit, sich von Zuhause abzunabeln, flügge zu werden. Es fiel ihr einfach so unsagbar schwer. Würde sie sich mit ihrer Mutter nicht verstehen, wäre das etwas anderes, aber so, mit ihrer unkonventionellen, junggebliebenen Mom … Sie war wie eine gute Freundin, die Emma nicht hatte. Einzig in der Kindergartenzeit, gab es ihre Freundin Susi. Aber seitdem fühlte sie sich meist wie das dritte Rad am Wagen.

Ben startete den VW-Bus und so fuhren sie wieder in Richtung Berlin, obwohl es noch nicht einmal Mittag war.

»Wieso glaubst du nicht daran, dass du die Welt retten kannst?« Emma ließ nicht locker. Es bewegte sie.

»Keine Ahnung.«

»Vielleicht nicht die Ganze auf einmal. Aber deine

Kleine schon. Und die von jemandem anderen auch. Kennst du nicht diesen bekannten Spruch?«

»Welchen?«

»Viele kleine Leute an vielen kleinen Orten, die viele kleine Schritte tun, können das Gesicht der Welt verändern.«

Er nickte. »Doch, schon mal gehört. Aber es ist nur ein Spruch. Oder hast du das Gesicht der Welt ernsthaft schon einmal verändert?«, wollte er etwas spöttisch wissen. Da war er erneut, der arrogante Ton, den er sich vermutlich die letzten Jahre angewöhnt hatte.

»Ja, habe ich. Ich habe eine Ziege gekauft.«

»Eine Ziege?«, lachte er.

»Eine Ziege. Ich habe sie Leila genannt. Eine Ziege kann in Afrika eine ganze Familie ernähren. Nachhaltig.«

»Ich bin beeindruckt.«

Was sollte das. Der Abend unterm Sternenhimmel war so schön und Ben so nett und zuvorkommend gewesen und jetzt zeigte er sich wieder von dieser anderen, stoffeligen Seite.

»Ich helfe bei einem Verein, der das organisiert, ein wenig bei der Pressearbeit mit«, erklärte Emma noch.

»Etwa für umsonst?«

»Natürlich ehrenamtlich. Und du? Was machst du sonst so in deiner Freizeit, meine ich?«

»Ich? Ich surfe und koche Drei-Sterne-Menüs und hänge mit meiner Clique ab. Klingt fürchterlich in deinen Augen, stimmt's.«

»Stimmt.« Hatte sie das jetzt wirklich gesagt? Er lächelte sie von der Seite an, sah dann wieder hinaus auf die Fahrbahn.

»Und was willst du nach dem Studium machen?«, hakte sie nach.

»Ich weiß es noch nicht. Eigentlich studiere ich nur, weil mich mein Pa solange finanziert. Ich weiß einfach nicht, was mich interessiert, was mir liegen könnte.«

Das hatte sich Emma gedacht. Aber sie verstand ihn nun auch ein wenig besser. Einerseits mochte er seinen Pa nicht und so hatte er vermutlich kein schlechtes Gewissen, dessen Geld anzunehmen, andererseits spürte sie es ja auch selbst: Das Gefühl, verloren in der Welt zu sein, überflutet von Möglichkeiten, nicht zu wissen, was man beruflich machen sollte - für den Rest seines Lebens. Zu viele Möglichkeiten lähmten. Alle um einen herum redeten seit der elften Klasse über nichts anderes mehr. So hatte sich Emma damals gefreut, als sie den Leuten sagen konnte: Ich werde Journalistin. Es passte zu ihr. Dachte sie zumindest. Hoffte sie. Sie wollte keinen Job machen, der sie nicht erfüllte. Und das acht, neun, zehn Stunden lang, jeden Tag. Emma engagierte sich schon lange im Netz bei allen möglichen Petitionen. Für Flüchtlinge, gegen das Wegwerfen von Lebensmitteln in Supermärkten, für die Orang-Utans in Uganda, gegen die, die zu wenig Geld für Kinder in Deutschland ausgaben ... Es fühlte sich gut an, wenigstens etwas Winziges zu tun. Wenn es auch wirklich nicht großartig war, das wusste sie selbst. Nach dem Studium, wenn ihr Leben denn endlich mal losgehen sollte, würde sie mehr tun, das versprach sie sich selbst. Dann würde sie Geld verdienen und müsste nicht immer das sauer verdiente Geld ihrer Mutter oder das wenige von irgendwelchen Semesterferienjobs dafür verwenden.

Ben schien ein Typ zu sein, der in den Tag hineinlebte, gerne zum Surfen ging, mit seinem Hund herumtollte und ab und zu noch an die Uni ging, um seine Freunde und schöne Mädchen zu treffen. Also die Sorte Mann, die Emma noch vor Kurzem unmöglich fand, wo sie wie Bijoux sofort ihre Krallen ausgefahren hätte. Doch jetzt, wo sie ein wenig mehr hinter seine attraktive Fassade blicken durfte, ahnte sie, warum er es tat. Weil er zutiefst verletzt worden war von den Menschen, die er am meisten liebte. So dass er keinen Grund darin sah, anderen Menschen, die er nicht kannte, zu helfen, für sie da zu sein. Weil keiner für ihn da gewesen war.

Emma jedoch spürte es immer wieder. Anderen

Gutes zu tun, selbst wenn man keine persönliche Beziehung zu ihnen hatte, verursachte ein gutes Gefühl. Vermutlich lag auch hierin ein wenig der Sinn des Lebens. Über den sie schon so oft nachgegrübelt hatte. Erst recht in jener ersten Zeit, als es ihr so schlecht ging. Was hatte es für einen Sinn, dass sie das erleben musste? Wie viel schrecklichere Schicksale mussten Menschen einen jeden Tag durchmachen? Krebs, tragische Unfälle, Kriege, es gab so vieles. Wie konnte es irgendeinen Gott oder eine höhere Kraft geben, die den Menschen, die nie etwas wirklich Böses getan hatten, dies antat? Dieses unendliche Leid, besonders in Syrien, Afghanistan und ähnlichen Ländern. Tausende Mädchen wurden dort verschleppt, missbraucht und misshandelt, es wurden die fürchterlichsten Sachen mit ihnen gemacht. Emma schauderte, wenn sie nur daran dachte. Sie bekam die Bilder, die sie durch eine Dokumentation im Kopf hatte, nicht mehr heraus. Und es gab so viel anderes, was so gemein und ungerecht schien. Allein, dass Ben ohne Mutter groß werden musste, allein bei diesem Gedanken zerriss es ihr beinahe das Herz.
Vermutlich deshalb war ihm sein Leben so egal. Und das der anderen Menschen auch. Verständlich, jetzt wo sie es wusste. Für wen sollte er ein guter Mensch werden, wem von seinen Erfolgen im

Studium oder Beruf erzählen. Seinem Vater, der sich kaum für ihn interessierte? Eine Mutter gab es nicht. Sie musste sie finden. Hoffentlich erfuhr er von Werner mehr.

***

Während Roggenfelder an ihnen vorüberzogen, dachte Ben darüber nach, warum er nicht einfach Jura studiert hatte. So wie sein Vater es wünschte. Er hätte Sinnvolles damit anstellen können, als Anwalt der Unterdrückten, der Gefolterten, aller Menschen, denen Unrecht widerfuhr. Einem Mädchen wie Emma hätte er damit auf jeden Fall imponieren können. Wieso hatte er es nicht getan? Wollte er ihr imponieren? Weshalb?
Er merkte, dass es ihm gefiel, wie begeistert und enthusiastisch sie von ihren Aktionen, bei denen sie mitmachte, erzählte. Fast schon beneidete er sie darum. Sie brannte für etwas, das Sinn machte. Und er? Das Surfen machte keinen Sinn. Außer dass es Spaß machte und den kleinen Surfshop unterhielt, der bei ihnen um die Ecke lag. Aber was war so schlimm daran, Spaß zu haben? Nichts, beantwortete er sich die Frage selbst. Zumindest nicht, wenn man sein Leben sonst im Griff hatte. Ben fühlte sich aber, als entgleite ihm sein Leben,

seit er Emma kennengelernt hatte. Seitdem stellte er plötzlich alles in Frage. Wie er die letzten Jahre lebte, wie er alles so schön verdrängen konnte? Es funktionierte nicht. Verdrängen machte krank.

Und was verdrängte sie? War es vielleicht auch nur eine Art Flucht, sich in wohltätige Projekte zu stürzen, um nicht über ihre eigenen Probleme nachdenken zu müssen? Ben merkte, wie er es glauben wollte. Aber vermutlich brannte sie einfach wirklich dafür. Wie niedlich sie vorhin gelächelt hatte, als sie von der Ziege erzählte. Wie lieb sie immer mit Sheila spielte. Sein Hund schien dieses Mädchen sehr zu mögen, was selten vorkam. All seine früheren Freundinnen konnten mit Hunden nicht viel anfangen und Sheila mit ihnen nicht. Es hatte Ben nie gestört. Er hatte es noch nicht einmal bemerkt. Weshalb kam es ihm nur in den Sinn? Emma würde bald wieder ausziehen aus Tante Luisas Gartenlaube und Berlin den Rücken kehren. So wie sie beide es planten. Denn ihre Mutter Mary schien wirklich nett zu sein. Viel zu nett und zu quirlig für seinen Pa, diesen verstockten, unemotionalen Kerl.

Ben dachte über Emmas Worte nach. Was er mit seinem Studium anfangen wollte. Er hatte sich spät für ein Studium entschieden. BWL, weil er nichts anderes wusste, weil man mit BWL vieles werden konnte, sich nicht festlegen musste. Das gefiel ihm, auch sonst, in anderen Bereichen. Hatte er sich deshalb noch auf kein Mädchen festgelegt? Und das mit Mitte 20? In einem Alter, in dem so manch einer bereits über eine eigene kleine Familie nachdachte? All seine Freunde aus der Clique tickten wie er. Vermutlich verstanden sie sich deshalb so gut. Nur die Mädchen wirkten in den letzten ein, zwei Jahren eher so, als würden sie jetzt endlich gerne den Mann ihres Lebens kennenlernen, eine Familie gründen. Ben jedoch glaubte nicht mehr daran. An die Frau seines Lebens. Hatte sich sein Vater damals nicht auch getäuscht? Oder war Ben ein Versehen gewesen und seine Eltern hatten sich zusammengerauft? Sieben lange Jahre. Nicht einmal das wusste Ben über sie. Danach zu fragen hatte er nie gewagt. Wie absurd, wenn er jetzt darüber nachdachte. Wie verklemmt. Da musste erst dieses schüchterne Mädchen daherkommen, um ihn so aus der Reserve zu locken?

Er betrachtete heimlich ihre Hände. Feingliedrige, schöne Hände. Emma wirkte nicht, wie wenn sie sich eine feste Beziehung wünschte. Eher im Gegenteil. Warum auch immer. Vielleicht lag es daran, dass er ihre Nähe ertrug? Warum er gerne Zeit mit ihr verbrachte. Tat er das? Ben wunderte sich über sich selbst. Aber es fühlte sich gut an, sie neben sich sitzen zu wissen, nicht allein zu sein, zu zweit.

Da sie nicht ununterbrochen plapperte, tat es irgendwie gut. Und Sheila, die sonst bei ihren Ausflügen immer recht viel winselte im Auto, schien auch viel ruhiger und entspannt. Vielleicht hatte Emma wirklich Recht. Er musste diese vielen Fragen, die ihm in Bezug auf seine Mutter im Kopf herumschwirrten, beantworten, um seinen inneren Frieden zu finden. Dabei ging es ihm in erster Linie nicht darum, eine Mutter zu finden, sondern Antworten.

Emma sah von der Seite sehr ernst aus, wie sie auf ihrer Lippe herumkaute, während sie las. Sie hatte sich wieder ihren eBook-Reader herausgefischt und wackelte beim Lesen ein wenig mit der Stirn.

Ben hoffte irgendwie, die Fahrt würde ewig gehen, doch sie näherten sich bereits Berlin. Dann musste er mit seinem Vater reden.

***

Emma betrachtete heimlich seine breiten, kräftigen Hände, die lässig auf dem Lenkrad lagen. Die wummernde, monotone Elektro-Musik störte Emma plötzlich erstaunlicherweise nicht mehr. Sie ließ ihre Gedanken treiben von dem Beat, der sie in eine Art meditativen Zustand versetzte. Das war es also, was die Leute an dieser Techno-Musik liebten. Bisher hatte sie es nie verstanden. Doch so langsam, so spürte sie, wurde aus dem Ei vom Lande ein Küken und es fing an, zaghaft zu fliegen.

9. Kapitel

Zurück in Berlin setzte Ben sie mit dem Surferbus vor ihrer Gartenhütte ab. Emmas Magen rumorte. Plötzlich fand sie es schade, dass ihr kleiner Ausflug schon zu Ende ging. Ben reichte ihr ihren Rucksack, sah ihr dabei in die Augen und sein Blick blieb hängen. Auch sie konnte ihre Augen nicht von den seinen wenden. Wie klar und blau, wie tiefgründig und traurig sie wirkten. Was sollte das? Wieso sah er sie so lange an? Sah er jede Frau mit diesem Blick an?
»Emma!« Sie wurde von Antons Stimme aus ihren Gedanken gerissen und zuckte zusammen. Da raste Anton auch schon auf sie zu. »Mami, Emma ist wieder da!«, rief er und sprang an ihr hoch wie an einem Kletterseil, klammerte die Beine um sie. »Anton«, lachte Emma und drückte ihn. Er roch so gut. Ben sah den beiden ein wenig verlegen zu, wie Emma aus den Augenwinkeln registrierte. Der Arme, wurde von niemandem so stürmisch begrüßt.
»Und wie war's?«, wollte Anton wissen. »Hast du mir was mitgebracht?«
Schlechtgewissig verneinte Emma, daran hatte sie wirklich nicht gedacht.
»Doch, haben wir«, sagte Ben einfach. Emma sah

ihn fragend an. Ben lächelte Anton an. »Wir haben dir einen coolen Kaugummi mitgebracht.« Mit diesen Worten zog er einen Kaugummi heraus, den er ganz sicher schon in Berlin gekauft hatte. Emma lächelte ihn dankbar an. Er konnte offenbar gut mit Kindern. Wenn er wollte. Anton machte sich freudestrahlend über den Kaugummi her. »Mmhm, lecker.« Dann rannte er wieder zurück in den Garten, ließ Emma und Ben einfach stehen.

Verlegen sahen sie sich an. »Alles gut bei dir?«, wollte er wissen. Wie meinte er das

»Wieso?«, fragte sie leise.

»Du siehst irgendwie aus, als ob du ...«

»Als ob ich was?«

»Als ob du ...« wieder lächelte er. »Als ob du mich gleich vermissen würdest.«

Erschrocken blickte Emma auf. »Wie bitte? Bilde dir nur nichts ein.«

Er lachte. »Tu ich aber. Aber jeder hat ja seine Fehler.«

Damit wandte er sich um und stieg in den Bus wieder ein. »Ich fahre noch tanken.«

Der Bus brauste davon und Ben hupte noch zweimal.

Ich sehe aus, als ob ich ihn gleich vermissen würde?, dachte Emma unwohl. Man sah ihr immer alles an, das sagte Mom auch immer. Aber dass sie ihn gleich vermissen würde, war doch blanker

Unsinn! Emma regte sich innerlich über seine Worte auf. Vermutlich musste er sich so etwas einreden, um sich nicht noch schrecklicher zu fühlen. Schließlich vermisste ihn in Wahrheit ja keiner.

Mom saß auf der Veranda, wie Emma erst jetzt registrierte, und lächelte ihr entgegen. »Hi, Schatz.«

Unwohl sah Emma auf. Hatte sie Ben und sie beobachtet? Wie unangenehm. Was musste sie jetzt nur denken? Dass Emma sich in ihn verschaut hatte? Aber das hatte sie nicht.

»Hi, Mom. Wir sind schon wieder da.«

»Ja, ich wundere mich etwas. Ziemlich früh.«

»Schon, aber ...« Was sollte sie nur sagen? Dass sie bei ihrer Suche nach seiner Mutter nicht weitergekommen waren und Ben seinen Vater ausquetschen wollte? Auf keinen Fall. Denn wenn Mom herausbekommen würde, dass Emma Werners Ex suchte, würde sie durchdrehen.

»Was wolltest du sagen, Schatz?«

»Ach, ich weiß auch nicht. Ben wollte heute nicht mehr dort surfen und ich habe euch vermisst.«

»Wie schön.« Mom kam zu ihr, schloss sie herzlich in ihre Arme. Auch sie roch so gut. Nach Kindheit, nach Liebe, nach Geborgenheit.

»Wir dich auch.« Sie löste sich ein wenig. »Anton hat die ganze Zeit gefragt, wann du wiederkommst.

Ich glaube, ihr zwei wart schon ewig nicht mehr eine Nacht getrennt, kann das sein?«
Emma nickte. »Ja, seitdem.«
»Entschuldige, ich wollte nicht ...«
»Ist schon gut.«
»Wie war die Nacht mit Ben, also ich meine ...?«
»Ich hatte ziemlich Angst am Anfang. Aber wie heißt es? Man muss seine Angst überwinden.« Emma lächelte tapfer.
»Ich bin stolz auf dich, Emmchen.«
Emma löste sich ganz aus ihren Armen. »Ich auch.« Und das konnte sie wirklich sein.
Wenn Ben wüsste, wie viel Überwindung es sie gekostet hatte, die Nacht mit ihm in diesem Bus zu verbringen. Ein Glück wusste er es nicht. Kein Mann durfte es wissen. Emma schämte sich so sehr. Sie hätte Nein sagen müssen damals. Aber sie hatte es nicht getan. Warum nur? Sie verstand es selbst nicht. Sie war doch kein Kind mehr!?
Schnell schnalzte sie wieder mit der Zunge, ging in ihr Zimmer und packte den Rucksack aus. Dabei bemühte sie sich, an etwas anderes zu denken. An ihre Mission. Die Mutter von Ben zu finden, um es ihrer Mutter zu beweisen: Dass Werner fies werden konnte zu Frauen. Sehr fies sogar. Oder nicht? Emma hoffte es so sehr, dass sie falsch lag, doch alle Anzeichen sprachen leider dafür. Denn hätte er damals sonst nicht alles dafür getan, dass Ben nicht

ohne Mutter aufwachsen musste? Dieses Rätsel, warum diese Mutter ihr Kind verlassen hatte, ließ Emma nicht los.

***

Am nächsten Tag in der Uni sah sich Emma nach Ben um. Doch kein Ben weit und breit. Sie brannte darauf, ihn zu fragen, ob er mit seinem Vater gestern Abend noch geredet hatte? Machte er etwa einen Rückzieher? Wühlte ihn das Ganze zu sehr auf? Im Hineingehen traf sie auf Caro, die Blonde aus Bens Clique.
»Hi, Emma«, begrüßte Caro sie nett.
»Hi.« Emma wunderte sich, was Caro von ihr wollte. Denn Caro blieb stehen und wartete auf sie.
»Ich hab gehört, du bist mit Ben zusammen am Wochenende weggefahren?«
Ach daher wehte der Wind. Hatte es doch bereits die Runde gemacht.
»Woher weißt du das?«, wollte Emma wissen. Ging ihr Ben deshalb aus dem Weg? Obwohl sie gleich ein Seminar hatten mit Anwesenheitspflicht?
»Kim hat euch gesehen. Wie ihr zusammen in seinem Bus weggefahren seid. Ich hab ihr einfach gesagt, dass ich weiß, wohin ihr fahrt. Für Bens Prof was erledigen.«
Emma wäre nie im Leben so eine schlagfertige

Antwort eingefallen. Caro schien das zu liegen. Aber es passte ihr wohl nicht, dass Ben Zeit mit Emma verbrachte.

Caro fuhr fort: »Find ich gut, dass Ben was mit dir macht.«

Verblüfft sah Emma auf. »Wirklich?«

»Ja. Kim zwar null, sie ist ziemlich eifersüchtig. Aber mit ihrer zickigen Art kommt sie bei ihm eh nicht weiter.«

Kim sollte eifersüchtig sein? Dieses Modegirl? Auf sie, Emma Thompson?

Caro fuhr fort: »Ben wirkt, seit du da bist, irgendwie chilliger. Endlich.«

»Ist das so?« Emma schluckte.

Caro nickte und lächelte sie nett an. In dem Moment kam Ben eilig von hinten. Er grüßte die beiden nur knapp und eilte weiter. Emma sah ihm enttäuscht hinterher. Caro registrierte ihren Blick.

»Ich will dir echt nicht zu nahe treten, aber falls du gerade dabei bist, dich in Ben zu verlieben ...«

»Ich bin nicht dabei mich ... du weißt schon«, widersprach Emma heftig.

Caro lächelte ehrlich. »Ich fände es ja cool, auch für Ben. Aber ich mag dich irgendwie. Ich will nicht, dass er dir weh tut. Ben macht das nicht mit Absicht. Ich glaub manchmal, er kann seine Gefühle gar nicht richtig zeigen. Die sind tief verschlossen, in irgendeinem Kästchen. Warum

auch immer. Typen eben. Die sind ja oft so.«
Plötzlich sah Caro selbst verletzt aus. Emma wagte nicht, nachzufragen.
Sie wunderte sich. Wusste Caro nichts von Bens Vergangenheit? Dass seine Mutter ihn als kleines Kind verlassen hatte? Caro als Teil seiner Clique? Vielleicht gerade deshalb. Vermutlich musste man vor den anderen sein Gesicht wahren, den coolen Typen darstellen. Emma kannte es so gut. Diesen Spagat, nach außen ausgeglichen und fröhlich wirken zu wollen, eine Fassade zu wahren, obwohl der Schmerz in einem sehr tief saß.
»Ja, Jungs sind oft so«, sagte Emma schnell zu Caro. »Ich meine, dass sie irgendwie abwesend wirken. Es war nur ein kleiner Ausflug an einen See, mehr nicht. Ben und ich ... wir haben was für ein Seminar vorbereitet.« Keiner konnte ja wissen, dass sie die Nacht zusammen verbracht hatten. Die Nacht zusammen verbracht. Wie das klang.
Caro schien sich damit zufrieden zu geben, denn es gab tatsächlich ein Papier auszuarbeiten in ihrem Seminar. Normalerweise hätte Emma das alleine gemacht. Auch wenn man sich einen Partner suchen sollte.
»Sag mal, hast du denn mal Lust, mit mir Shoppen zu gehen? Ich hab da ein paar Schuhe gesehen und kann mich nicht entscheiden ... ich zeig dir dann gern ein paar coole Läden in Friedrichshain.«

Emma freute sich insgeheim unbändig, auch wenn sie ja überhaupt nicht auf Shoppen stand. Zumindest bisher nicht. Caro schien wirklich nett und offen zu sein und eine Freundin täte Emma so gut. So sagte sie: »Sehr gerne.«
»Prima. Wann hast du denn Zeit?«
Emma überlegte fieberhaft. Eigentlich hatte sie überhaupt keine Zeit, shoppen zu gehen, denn sie musste Bens Geheimnis rasch lösen, um das verliebte Herz ihrer Mutter zu schützen. »Also ehrlich gesagt ...«
»Ach komm. Lass uns morgen nach der Uni sagen. Was meinst du?«
»Also gut.«
Caro lächelte und beide begaben sich auf ihre Plätze. Emmas Herz hüpfte.
Ben sah sie von der Seite an, doch sobald sie sich ihm zuwandte, drehte er den Kopf weg.
»Hast du schon mit deinem Pa reden können?«, flüsterte sie ihm zu.
»Nicht hier«, zischte er nur und blickte finster vor sich drein. Emma nickte entschuldigend und versuchte, sich auf das Seminar zu konzentrieren. Aber jedes Mal, wenn er sich etwas bewegte, wehte sein Duft zu ihr herüber und lenkte sie ab. Er strahlte etwas aus, was sie nicht beschreiben konnte, was ihre Hände zittern ließ.
Nach gefühlten dreihundert Stunden endete das

Seminar und Ben stand sofort auf und eilte hinaus.
Fassungslos sah Emma ihm hinterher. Sie hatten gerade einen wunderschönen Abend am Stechlinsee verbracht und eine Nacht in seinem engen Bus. Und jetzt behandelte er sie, als habe sie die Pest?! Da bemerkte sie Kims triumphierenden Blick. Schnell versuchte Emma neutral zu schauen, doch es gelang ihr nicht.
Dafür lächelte Caro sie an und das brachte Emma wieder herunter.
Caro kam zu ihr und flüsterte ihr zu: »Ben ist so. Das hat nichts mit dir zu tun.«
»Hab ich mir schon gedacht.«
»Magst du einen Kaffee mit mir trinken? In der Cafeteria?«
»Au ja, gerne.«
Kaffee. Das war genau das, was Emma nun brauchte.
In der Cafeteria gab es zum Glück guten, italienischen. Bei einem köstlich duftenden Kaffee, erzählte ihr Caro, dass sie die Nase von Kim gerade ziemlich voll habe. »Kim ist so missgünstig, damit komme ich gar nicht klar. Ich glaube, sie sieht in mir eine Rivalin. Dabei will ich nichts von Ben.«
»Verstehe.«
Caro lächelte, dabei bildeten sich Grübchen. Sie sah sehr hübsch aus. Seltsam, dass Ben nichts von ihr wollte. Emma sagte es ihr einfach, wie hübsch sie

sie fand. Wieso auch nicht. Komplimente bekam man sowieso viel zu wenige. Caro lachte verwundert auf. Sie schien sich ihrer natürlichen Schönheit nicht bewusst zu sein. »Okay, ich bin blond. Aber von Natur aus. Meine Beine sind etwas O-Beinig, die habe ich von meinem Papa geerbt ... Dich finde ich hübscher.«

»Mich?« Nun war es an Emma, zu staunen. Sie selbst hatte sich immer als unscheinbares, braunhaariges Mädchen gesehen. Gut, ihr Gesicht sah nicht hässlich aus, wurde nicht geziert von einer großen Nase oder ähnlichem, aber sonst ... Durchschnitt würde Emma selbst über sich sagen. Zum ersten Mal in ihrem Leben fühlte sie sich etwas mehr als das. Und es fühlte sich gut an. Wieso machte man sich nur immer selbst so runter. Andere sahen in einem viel mehr, als man selbst sah. Ben etwa auch? Emma fragte sich das wirklich. Warum sah er sie immer wieder so lange an?

Der Plausch mit Caro wurde sehr nett. Caro erzählte ihr ein wenig über die Clique, die sich aus surfbegeisterten Studenten ergeben hatte, die alle zusammen einen Surfkurs vor drei Jahren absolviert hatten. Emma spürte, dass auch Caro irgendetwas Belastendes erlebt hatte, dass sie viel weniger oberflächlich zu sein schien, als Emma anfangs glaubte. Die kleine Kaffee-Pause ging viel zu schnell vorüber, und Emma freute sich schon auf ihre kleine Shopping-Tour am nächsten Tag. Berlin nahm sie mit offenen Armen auf, es fühlte sich ganz anders an, als in den kleineren Städten und Dörfern zuvor. In der Hauptstadt lebten viele Zugereiste und alles schien lockerer und unkonventioneller zu sein.

Emma fing an, sich in Berlin wohlzufühlen und das bereits nach so kurzer Zeit. Es kam darauf an, an welche Leute man geriet und Caro und vor allem Ben spielten womöglich eine große Rolle.

Nach der Uni hoffte Emma, Ben im Nachbarsgarten anzutreffen, doch auch diese Hoffnung wurde enttäuscht. Vermutlich war er mit Sheila Gassi, denn die Hundehütte stand leer. Bijoux schnurrte um Emmas Beine herum, aber sie hatte nicht wirklich einen Kopf für ihn. Denn sie beobachtete ihre Mom auf der Terrasse, wie sie verträumt lächelnd die Blumen goss.

Was, wenn sie wirklich ihr Glück zerstören musste? Wenn sie herausfinden würde, dass Werner ein Idiot war?

Emma fühlte sich schlagartig schlecht. Sie nahm Bijoux zu sich auf den Arm, kraulte ihn, und dachte fieberhaft nach. Wie könnte sie nur herausfinden, was damals geschah? Mit Bens Hilfe konnte sie offenbar nicht mehr rechnen. Sonst würde er ihr doch nicht so aus dem Weg gehen.

Emma hatte eine Idee. Sie wollte in der Bäckerei am Stechlinsee anrufen und mit der Azubine sprechen. Sie wusste mehr über Bens Mutter Sunny, zumindest vermutete Emma das. Und sie wirkte offener als die ältere Verkäuferin. Leider hatte sie sich von alleine noch nicht gemeldet, Emmas Nummer hatte sie ja. Emma googelte den Namen der Bäckerei, wählte mit dem Handy die Nummer, Bijoux auf dem Arm. Angespannt lauschte sie. Das Schnurren von Bijoux übertönte fast das Freizeichen. Da plötzlich nahm jemand ab. Und Emma hatte Glück, der jungen Stimme nach, handelte es sich um die Azubine.
»Bäckerei Stechlin, Frida am Apparat?«
»Hallo, hier ist Emma, also Emma Thompson. Ich war am Samstag in der Bäckerei und habe nach einer Sunny gefragt. Erinnern Sie sich?«
Stille am anderen Ende der Leitung.
»Hallo?« Hatte sie etwa aufgelegt? Emma wurde noch nervöser.
»Ja. Natürlich erinnere ich mich«, antwortete sie jetzt mit belegter Stimme. »Aber ... ich weiß nichts.«
Emmas Herz pochte. Das Gefühl verstärkte sich, dass diese Frau etwas wusste, Sunny kannte.
»Sind Sie sicher? Ich meine, es ist so wichtig.«
»Das kann schon sein. Ich weiß aber nichts, ich muss jetzt arbeiten.«.

Emma hörte ein Klick in der Leitung, die Azubine hatte einfach aufgelegt. Sehr mysteriös. In der Bäckerei war sie noch so freundlich gewesen. Verdächtig.
Bijoux in Emmas Arm reckte und streckte sich genüsslich, sprang hinunter und trank aus einer Vogeltränke.
Emma machte sich nachdenklich auf, Anton bei Fynn abzuholen, dabei dachte sie die ganze Zeit an Ben. An seine traurigen Augen, die noch trauriger werden würden, wenn sie ihm erzählte, dass sie immer noch nichts herausgefunden hatte.
Auf dem Weg zu Fynn kam ihr Ben joggend entgegen. Sheila rannte neben ihm her. Als Ben Emma erkannte, schien er zusammenzuzucken, seine Schritte verlangsamten sich.
Emma ging ebenso langsamer, betrachtete diesen gutgebauten jungen Mann, der noch mehr erlitten hatte als sie. Plötzlich kam Emma ihr verstörende Erlebnis von damals immer kleiner vor. Es schmolz in ihrem Gedächtnis plötzlich ein wenig dahin.
»Hi«, sagte Ben, da der Weg nur an Emma vorbeiführte. Sheila kam freudig auf sie zu, schleckte ihre Hand ab und ließ sich kraulen.
»Hi«, erwiderte Emma leise. »Wie geht es dir? Hast du mit deinem Pa gesprochen?«
»Noch nicht. Aber heute Abend. Ich koche für ihn eine Paella, dann werden wir reden.«

»Ein guter Plan. So lecker, wie du kochst, wird er sicher auftauen.« Sie blickten sich an. Keiner von beiden wusste etwas zu sagen.

»Na dann. Ich werde berichten«, unterbrach Ben die Stille und joggte weiter. Sheila zögerte noch einen kurzen Moment, rannte ihrem Herrchen dann aber hinterher.

Aufgewühlt blickte Emma den beiden nach. Er sah so groß aus, so stark. Aber wie viel Angst musste er vor diesem Gespräch haben.

***

Ben warf die Scampi in die heiße Pfanne, das Öl zischte und spritzte. »Verdammt«. Ein heißer Ölspritzer traf ihn am Finger. Er hatte sich verbrannt. Schnell steckte er seinen Finger in den Mund, ging zum Wasserhahn, ließ kaltes Wasser darüber laufen. Seine Hände zitterten leicht. Er kochte in der Küche seines Vaters, wie immer, wenn er für andere kochte. So ein Mist, dass es in seiner Gartenhütte keine Spülmaschine gab. Was sollte er seinem Vater nur sagen? Warum, so musste der denken, kam Ben gerade jetzt damit an? Mit Mitte 20? Jetzt, wo er, Werner, endlich eine neue, liebenswerte Frau gefunden hatte, Mary. Genau deshalb. Aber das konnte er ihm ja schlecht sagen. Diese Emma hatte alles ins Rollen gebracht. Ben hatte das Gefühl, er befinde sich auf einem Rollfeld, einem Kofferband am Flughafen, auf dem es kein Zurück gab. Was für eine Macht sie auf ihn ausübte. Was sollte das? Keine Frau durfte ihn derart manipulieren. Ben schnaubte durch. Der Reis hatte die richtige Konsistenz erreicht. Er würzte alles, die Paella würde gleich fertig sein. Sein Vater hatte ihm versprochen, heute etwas eher aus dem Büro zu kommen. Nach dem Essen mit Ben wollte er sich nämlich noch mit Mary treffen. Aber das war für Ben okay. Sehr okay sogar. Denn dann musste er nicht den ganzen Abend mit ihm verbringen.

Ben briet die Scampi fertig, vermengte sie mit dem Reis, dem Hühnchen und allem anderen. Den Tisch hatte er bereits gedeckt. Nicht übertrieben, aber feierlich. Schließlich gab es ja auch einen wichtigen Anlass für dieses Essen. Einen sehr wichtigen sogar.

Ein Blick auf die Uhr. Sein Dad hatte bereits fünfzehn Minuten Verspätung. Das akademische Viertel. Kein Problem. Doch als der Uhrzeiger immer weiter wanderte und die Paella in der Pfanne immer kälter wurde, spürte Ben seinen Ärger in sich hochsteigen. Jetzt hatte er seinen Pa seit Jahren einmal darum gebeten, mit ihm zu essen, hatte ihn sogar bekocht, aber der gnädige

Herr ließ ihn einfach eiskalt sitzen.

Wütend nahm er erneut einen großen Schluck Rotwein, spürte den Alkohol in seinen Körper strömen. Immerhin, er spürte sich. Und je mehr er trank, desto klarer wurde ihm, dass das heute der denkbar schlechteste Abend für eine Aussprache werden würde.

Endlich. 35 Minuten zu spät, hörte Ben den Schlüssel im Schloss und sein Vater Werner trat kurz darauf im Anzug ein. »Entschuldige bitte vielmals, mir ist ein Mandant dazwischengekommen.«

Ben sagte nichts, stand mit seinem Rotweinglas einfach nur da, starrte seinen Vater anklagend an. Der verstand. Seine Miene sah wirklich reumütig aus. Kleinlaut ließ er sich auf einen Küchenstuhl sinken. »Ben, es tut mir wirklich, wirklich leid. Ich kann doch auch nichts dafür, dass meine Mandanten meinen, ich müsse allzeit parat stehen.«

»Doch, kannst du.« Ben riss sich zusammen, drehte sich um, schaltete den Herd wieder an. So musste sich eine Frau fühlen, die für ihren Mann ein aufwendiges Essen gekocht hatte und jedes Mal auf ihn warten musste. Ben hatte es so satt. Behandelt zu werden als etwas Zweitklassiges. Das hatte er einfach nicht mehr nötig. Werner ließ seinen Kopf in seine Hände sinken, verdeckte damit das

Gesicht.

»Ich kann nicht mehr«, flüsterte er leise.

Ben horchte auf. So hatte er seinen Vater noch nie gesehen.

»Was kannst du nicht mehr?«

Werner fuhr sich übers Gesicht, sah Ben traurig an. »Gerade jetzt wo ich es bei Mary sehe ... wie gut und innig ihr Verhältnis mit ihren Kindern ist, mit Emma und Anton, so liebevoll ... Ben glaube mir, ich wollte das auch ... ich habe mir das so sehr gewünscht ... auch für dich ...«

Perplex starrte Ben seinen Vater an. »Was?«, fragte er leise.

»Dass wir ein gutes Team werden, wir beide. Schließlich hatten wir doch nur noch uns.«

War es Zufall, dass er von selbst von früher anfing, oder hatte Emma bereits mit ihm gesprochen? Alarmiert drehte sich Ben wieder zu seiner Paella-Pfanne, rührte mit einem Holzlöffel darin herum. Sein Puls raste. Die Paella müsste wieder erhitzt sein. Ben nahm ohne etwas zu sagen die Pfanne, servierte seinem Vater Paella, dann sich selbst.

Die beiden aßen schweigsam. Zwei Männer, eine Paella, eine Flasche Rotwein.

»Du kannst wirklich kochen, Junge. Woher du das nur hast? Also von mir nicht.«

»Vielleicht von Mom?« Ben konnte es sich nicht verkneifen.

Werners Augenlid zuckte, dann lächelte er wehmütig. »Was willst du über sie wissen?«

Ben hob bemüht gleichgültig die Schultern. »Wieso sie gegangen ist. Wieso sie mich nie besucht hat.« Er hatte es herausgepresst, mühsam, beherrscht.

Werner hielt im Essen inne, sah schmerzvoll vor sich hin. »Sie ist gegangen, weil sie mich nicht mehr wollte. Weil sie mehr wollte im Leben. Nicht so einen spießigen, langweiligen Anwalt. Sie wollte keine verknöcherte Anwaltsgattin werden, verstehst du?«

Ben nickte. Er würde jetzt die Version von Werner hören, nicht ihre, das wurde ihm schlagartig klar. Angespannt hörte er weiter zu.

»Sie ist gegangen, weil sie nach New York wollte. Wegen eines Jobs. Sie hat sich anfangs noch ganz oft nach dir erkundigt, aber irgendwann, ich habe nicht verstanden wieso, schien sie wie ausgewechselt. Keine Ahnung warum, wirklich. Sie hat sich einfach nicht mehr gemeldet.«

Ben spürte den Schluck Rotwein, der ihm die Kehle herunter rann. Es tat weh, sehr weh sogar, aber er riss sich zusammen. Keine Tränen vor seinem Alten, hatte er sich geschworen. Schon früher.

»Okay, aber ... was hast du damit zu tun?«

»Ich?« Werner schien wirklich verwundert. »Außer dass ich langweilig und spießig war, bin ich mir keiner Schuld bewusst. Ehrlich.«

Ben nickte aufgewühlt. Natürlich nicht. Sein Vater war sich keiner Schuld bewusst. Pffhht. Ben aß noch ein paar Löffel Paella, doch dann hatte er es satt. Er stand auf. »Gut, wenn du meinst.« Mit diesen Worten ließ er Werner sitzen, drehte sich um und ging hinaus.

Die frische Abendluft schlug ihm wie eine erfrischende Brise entgegen. Ben atmete tief ein. Da sah er, wie Emma gerade den Garten ihrer Hütte goss und mit großen Augen zu ihm herüber sah. Vermutlich stand sie da schon die ganze Zeit und wartete auf ihn. Doch er hatte jetzt keine Lust mehr zu reden. Was brachte das schon. Er drehte den Blick ab von ihr und joggte los in die Nacht.

***

Emma hatte gespürt, dass es nicht gut lief. Irgendwie hatte sie das. Sie überlegte, ob sie ihm nachlaufen sollte, doch wie sie Ben inzwischen kannte, besser nicht.

Das Gespräch mit seinem Vater schien miserabel gelaufen zu sein. Emma spürte ihre Wut auf Werner in sich hochkochen. Konnte er sich denn nicht wenigstens einen Abend für seinen Sohn zusammenreißen? Was fand Mom nur an diesem Mann? Wie konnte sie mit einem Mann zusammen sein, der mit seinem einzigen Sohn so ein schlechtes Verhältnis hatte?

In dem Moment trat ihre Mutter aus der Hütte.

»Emma, willst du die Blumen ertränken?«

Erst jetzt wurde Emma gewahr, dass sie den Schlauch die ganze Zeit in die Beete gehalten hatte. Ihre schönen, hellblauen Ballerinas standen in einem matschigen Morast aus wässriger Erde.

»Oh Shit.«

Schnell stellte sie das Wasser ab. Mom hatte sich hübsch zurechtgemacht, lächelte sie forschend an.

»Alles gut bei dir?«

»Ja, ja. Gehst du noch zu Werner?«

»Ja. Anton habe ich gerade ins Bett gebracht. Du wolltest ja nicht mehr weg, oder?«

»Nein. Das passt schon.«

Mom zögerte. »Du magst Werner nicht, stimmt's?«

Emma sah sie erschrocken an. Wie immer merkte ihre Mutter ihr alles an. Dabei war sie sich selbst ja nicht einmal sicher. Alles hing davon ab, was Bens Mutter über damals erzählte. Wenn sie sie denn endlich finden würde. Denn so war Werner ja eigentlich ganz sympathisch. Bis auf das, dass er noch lernen musste, seinen Job hinter seine neue Freundin und seinen Sohn zu stellen. Aber solche Männer gab es viele. Immerhin konnte er gut mit Anton.

»Eigentlich mag ich ihn«, antwortete Emma also.

Sie merkte, dass ihre Mutter ihr nicht glaubte.
»Eigentlich. Und uneigentlich?«
»Ich kenne ihn doch noch kaum«, wich Emma diplomatisch aus.
Und sie nahm sich vor, noch mal alles zu versuchen, Bens Mutter ausfindig zu machen. Auch für Ben.
Emma versuchte zu schlafen, doch sie dachte die ganze Zeit an Ben. An ihre Nacht im Surferbus, an seinen Geruch, seine nackten Arme, seine samtig weiche Haut, die die ihre beim Schlafen berührt hatte. Seinen nackten Oberkörper.

Am nächsten Morgen googelte sie sofort im Bett in ihrem Handy. Sunny Wagner. Dieser seltene Name kam doch bestimmt nicht so häufig vor. Doch leider hatte sie sich da getäuscht. Es gab einige Frauen, die so hießen. Emma schrieb diejenigen an, die man online anschreiben konnte, den Rest wollte sie nach dem Frühstück abtelefonieren. Vielleicht hatte sie ja einmal Glück in ihrem Leben. Sie dachte an Ben und ein warmes Gefühl durchströmte ihren Bauch. Irritiert legte sie ihre Hand darauf. Was sollte das? Was löste er nur in ihr aus? Schnell stand sie auf und bereitete das Frühstück auf der Terrasse für ihre kleine Familie zu. Es kam ihr immer so selbstverständlich vor, aber Ben hatte das nicht, dachte sie traurig. Keinen, mit dem er

morgens frühstückte. Er hatte ihr an dem Abend am Stechlinsee erzählt, dass er schon zu Schulzeiten oft seine Cornflakes alleine essen musste. Werner hatte sie zuvor hingestellt, wenn er einen frühen Termin im Büro wahrnahm. War es vielleicht eine Art Flucht von Werner gewesen, durchfuhr es Emma? Vor seinem eigenen Versagen als Vater? Sie stellte es sich schwer vor, allein mit einem völlig verstörten Jungen.
Nach dem Frühstück mit Mom und Anton ging sie mit Bijoux ein wenig spazieren. Ein bisschen Zeit vor der Uni hatte sie noch und sie hoffte, Ben und Sheila zu begegnen. Dabei telefonierte sie die Sunny Wagners ab, die sie zuvor gegoogelt hatte. Doch alle wunderten sich über ihren Anruf, wussten mit einem »Ben« oder »Werner« nichts anzufangen.
Emma gab seufzend auf. Keine Spur von Ben weit und breit, vielleicht war er ja ganz früh aufgestanden und bereits an der Uni? Unwahrscheinlich, aber möglich. Wieso dachte sie nur so viel an ihn? Bijoux spielte mit seinen Tatzen an einem Grasbüschel herum. Hatte er ein Mauseloch entdeckt? Tatsächlich. Emma wünschte sich im tiefsten Innern, in eben dieses verschwinden zu können. Sie schämte sich irgendwie, nicht weiterzukommen, Ben so gar nicht helfen zu können. Dabei hatte sie den Mund so voll

genommen. Ihm Hoffnung gemacht. Seine schmerzvollen Erinnerungen wieder an die Oberfläche geschleudert. Für Nichts? Das durfte sie ihm einfach nicht antun.

Sie fasste sich ein Herz und schrieb erneut eine SMS an die Azubine der Bäckerei. »Bitte. Wenn Sie etwas wissen, melden Sie sich.« Zur Not würde sie noch einmal hinfahren. Sie spürte einfach, dass die Frau Sunny kannte.

Und tatsächlich kam ein paar Minuten später eine Antwort: »Sie ist eine Freundin meiner Mutter. Ich habe ihr Ihre Nummer gegeben.«

Emmas Atem stockte. Sie hatte Sunny wirklich gefunden. Schnell checkte sie, ob ihr Handy noch genug Akku hatte, um nicht in der Uni zu sitzen, ohne Akku. Denn jedes Mal, wenn es wichtig war, ging ihr Handy-Akku zu Ende, kein Ladekabel weit und breit. Es schien Murphys Law zu sein. Die Handy-Industrie musste dringend an besseren Akkus arbeiten. Emma wartete den ganzen Vormittag fiebrig auf ihren Anruf, bekam von den Vorlesungen kaum etwas mit.

Heute hatten sie kein Seminar zusammen, somit würde sie Ben vermutlich an der Uni nicht begegnen. Doch ihre Augen scannten jeden Jungen ab. Sie machte sich Sorgen um ihn. Caro kam ihr nach einer Vorlesung strahlend entgegen. »Und? Treffen wir uns um ein Uhr vorne am

Haupteingang?«

Das Shoppen, fiel Emma siedend heiß wieder ein. Vor lauter Ungeduld auf den Anruf dieser Sunny hatte sie das Date mit Caro komplett vergessen. »Ähm ... ja, klar, prima«, antwortete sie schnell und lächelte. Sie wollte es sich mit Caro nicht verscherzen. Ein Mädchen, wie sie zur Freundin zu haben, davon hatte Emma ihr Leben lang geträumt. Damals schon in der Grundschule, als sie immer das dritte Rad am Wagen in dieser Dreierkonstellation war. Nie hatte sie das Glück, eine allerbeste Freundin für sich ganz alleine zu haben. Sie wusste natürlich, dass dies bei Caro auch nie der Fall sein würde. Aber nur so mit ihr befreundet zu sein, erschien ihr wie der Himmel auf Erden. Frauen brauchten einfach Freundinnen, selbst wenn Emma die liebste Mom auf der Welt hatte, es war etwas anderes. Hier in Berlin, nach ihrem Neustart, fühlte sie sich irgendwie plötzlich stärker, interessanter und schien das auch auszustrahlen. Vielleicht war es einfach das. Wenn man sich selbst nicht mochte, warum sollten es dann die anderen tun?

Caro wartete um ein Uhr auf Emma am Haupteingang. Sie schien sich auf den Nachmittag mit Emma zu freuen. Emma wurde ganz warm ums Herz und sie öffnete sich immer mehr. Bereits zum zweiten Mal seit langem hatte sie das Gefühl, einem recht fremden Menschen vertrauen zu können. Erst Ben und jetzt Caro. Emma ließ es mit angehaltenem Atem zu.

Kim kam gerade aus dem Uni-Gebäude, beobachtete die beiden eifersüchtig. Caro raunte Emma zu, dass Kim es nicht mochte, wenn sie andere Freundinnen traf. Aber dass Caro das vollkommen idiotisch fand. Man könne doch mehrere Freundinnen haben, das würde ja nicht heißen, dass man die eine weniger mochte. Emma lächelte. Sah Caro sie bereits als ihre Freundin an? Das wäre zu schön, um wahr zu sein.

Der Nachmittag wurde sehr lustig. Caro und Emma durchstöberten die kleinen Läden in Friedrichshain, in denen man noch individuellere Sachen finden konnte als in den großen Ketten. Caro kaufte die Schuhe und in einem Laden daneben entdeckten sie ein traumhaftes, blaues Kleid. Caro überredete Emma, es anzuprobieren, auch wenn der Preis für Emma insgeheim völlig indiskutabel war, aber das musste sie Caro ja nicht sagen. Es stand ihr ausgezeichnet. Emma blickte sich im Spiegel der Umkleide an, drehte sich ein wenig und fühlte sich mit einem Mal wie Aschenputtel in ihrem neuen Ballkleid.

»Wahnsinn. Du siehst wunderhübsch aus. Das musst du kaufen.«

»Ich weiß nicht. Wann soll ich sowas denn schon

anziehen?«

»Ach, da findet sich eine Gelegenheit. Zum Beispiel zur Semester-Fete«, lächelte Caro. Doch Emma schüttelte den Kopf. Sie hatte kein Geld dafür, auch wenn es ihr wirklich gefiel. Sie redete sich vor Caro heraus, dass sie es ja immer noch kaufen könnte. Sie gingen weiter, die Simon-Dach-Straße entlang. Ein Café oder Restaurant nach dem anderen säumte die Strasse, die Ausgehgegend vieler Studenten, wie Caro erklärte. Emma fand es fast schon ein wenig zu touristisch für ihren Geschmack. Um sie herum wurde sehr viel englisch und spanisch geredet und die üblichen Cocktail-Angebote sollten die Leute in die Bars locken. Aber Caro führte sie auch in die Seitenstraßen und zeigte ihr die Bars, Cafés und Klamotten-Läden für Insider, zum Beispiel in der Wülischstraße. Emma mochte die Läden sehr. Berlin gefiel ihr immer besser. Diese große Stadt bestand aus vielen spannenden Stadtteilen, in denen man sich wohlfühlen und immer Neues entdecken konnte. Die beiden Frauen lachten viel, stellten fest, dass sie den gleichen Musikgeschmack hatten und auch Caro interessierte sich für das Elend der Welt. Sie überlegte, ob sie später in die Entwicklungshilfe gehen könnte, es war nur so ein Gedanke. Das Leben stand ihnen offen, meinte sie. Bis zum Ende des Studiums lernte man noch so viele

Möglichkeiten kennen, was man später einmal genau werden wollte, es blieb spannend. Emma gefiel diese Einstellung gut. Zwar wollte sie immer noch Journalistin werden, aber wer wusste schon, was das Leben für einen bereithielt. Emma atmete immer befreiter durch. Die Schatten ihrer Vergangenheit drängten sich für diesen Nachmittag in eine kleine Ecke und krochen erst gegen Ende ihrer kleinen Tour durch Berlin wieder hervor. Was, wenn Caro doch oberflächlicher war, als sie gerade eben wirkte?, dachte Emma plötzlich wieder, wie aus dem Nichts. Konnte sie ihr wirklich vertrauen? Würde sich eine Freundschaft entwickeln? In manchen Momenten hatte Emma das Gefühl, dass auch Caro ein trauriges Geheimnis hatte, aber für ein paar Stunden einfach vergessen wollte.
Gerade als die beiden sich mit Bussis auf die Wangen verabschiedeten, klingelte Emmas Handy. Eine ihr unbekannte Nummer wurde angezeigt. Emma zuckte zusammen, hatte für einen Moment nicht mehr an den Anruf gedacht. Schnell verabschiedete sie Caro, ging ran.
»Hallo, hier ist Sunny Wagner«, meldete sich leise eine zerbrechliche Stimme. »Sie wollten irgendetwas Wichtiges von mir?«
Emma blieb kurz der Atem weg. »Wie schön, dass Sie sich melden.« Emmas Stimmbänder vibrierten.

Ihre Hände zitterten. Bens Mutter. Sie durfte jetzt nichts Falsches sagen, sie nicht verschrecken. Ein Treffen wäre das Beste, aber darauf würde sich diese Frau sicher nicht einlassen, solange sie nicht wusste, um was es ging. Und wenn sie es wissen würde, legte sie womöglich sofort wieder auf. Emma ärgerte sich über sich selbst. Wieso hatte sie sich keinen klugen Text überlegt? Wieder einmal. Sie stotterte ein wenig herum. »Es ist so ... meine Mutter ...« Was redete sie für einen Quatsch. Es ging um Ben und nicht um ihre Mutter und Werner. Um beide. »Also ich wollte sagen, ich habe einen Jungen kennengelernt, also einen jungen Mann. Einen wirklich tollen Menschen ...« Wieder redete sie Unsinn, schalt sie sich innerlich. Fing sie jetzt etwa an, von Ben zu schwärmen? Obwohl, wieso nicht? Diese Frau konnte ruhig wissen, was für einen sympathischen, sensiblen Sohn sie hatte. Emma biss sich auf die Zunge und platzte heraus: »Es geht um Ben, ihren Sohn. Er würde so gerne wissen, was damals geschehen ist.«
Stille am anderen Ende der Leitung. Emma verdrehte über sich selbst die Augen, kniff sie ängstlich zusammen. Jetzt hatte sie es hundertprozentig vermasselt. Sunny Wagner würde auflegen und Ben würde nie erfahren, warum sie ihn zurückgelassen hatte. Ihre Mutter würde mit Werner zusammenbleiben und genauso unglücklich

werden wie diese arme Frau. Gerade als dieser ganze Film in Emma ablief, räusperte sie Sunny Wagner und sagte leise und schmerzlich: »Um Ben? Das habe ich mir gedacht.«
Emma öffnete ihre Augen. Es gab Hoffnung oder was sollte das jetzt heißen? »Bitte«, hörte sie sich selbst sagen. »Er möchte Ihnen ganz gewiss keine Vorwürfe machen, Sie hatten sicher ihre Gründe, aber er würde es einfach gerne verstehen. Verstehen Sie? Also ich meine ...« wieder stotterte Emma herum.
»Ich verstehe«, sagte Sunny zaghaft. »Ich vermisse ihn. So unendlich. Können wir uns treffen?«
»Oh ja«, antwortete Emma überrascht und freute sich. »Sehr gerne. Wo sind Sie? Ich bin in Berlin. In Friedrichshain gerade.«
»Ich kann in zwei Stunden bei Ihnen sein. Wollen Sie da warten oder ist Ihnen das zu lang?«
»Nein, überhaupt nicht. Ich bin Studentin, ich habe etwas zu lernen dabei. Ich warte gerne.«
»Gut, dann komme ich da hin.«
»Wie schön.«
Erfreut sah Emma vor sich hin. Ein Lächeln umspielte ihre Lippen. Von hier sah man den Fernsehturm, das Wahrzeichen von Berlin. Wohnte Bens Mutter nur zwei Stunden entfernt?
»Wohnen Sie da irgendwo? Ich meine, wir, also Ben und ich, also wir wohnen in Berlin. Also ich

meine, ich seit Neuestem. Wir sind nicht zusammen, wenn das jetzt so klang. Wir sind nur ... Freunde.« Was redete sie da? Waren sie überhaupt Freunde?

»Wie schön. Ja ich wohne da. In der Uckermark. Wo können wir uns treffen? In welchem Café?« Emmas Knie wurden weich. »Keine Ahnung«, hörte sie sich sagen. »Ich kenne mich noch nicht gut aus«, fügte sie schnell hinzu.

»Wo sind Sie denn gerade?«

»Am Boxhagener Platz. Da sind viele Cafés.«

»Ich weiß. Suchen Sie sich in Ruhe eines aus. Schicken Sie mir einfach eine Nachricht, in welchem Café Sie sitzen.«

»Das mache ich.« Emma verabschiedete sich mit einem Grinsen auf dem Mund und legte aufgewühlt auf. Das durfte doch nicht wahr sein. Gleich würde sie Sunny Wagner treffen. Sollte sie Ben Bescheid sagen? Natürlich. Oder wollte Sunny nicht, dass er bei diesem Treffen gleich dabei war? Wohl nicht, sonst hätte sie es doch gesagt? Emma beschloss, Ben erstmal nicht einzuweihen. Wer wusste schon, was bei dem Gespräch herauskommen würde. Wenn die Wahrheit zu schrecklich war, wollte sie ihm diese verschweigen. Oder nicht? Hin- und hergerissen suchte sich Emma ein Café aus, setzte sich in die Sonne und bestellte sich einen Latte Macchiato. An Lernen war nicht zu denken. Ihr

Herz raste.

10. Kapitel

Sunny. Genau zwei Stunden später kam eine kleine, zierliche Frau um die 40 auf sie zu. Sie trug ihre brünetten Haare zu einem festen Knoten hochgesteckt, sah aus wie eine Primaballerina in legeren Marlene-Dietrich-Klamotten. Sie strahlte eine Eleganz und Würde aus, die Emma sofort zutiefst beeindruckte. Aber Emma sah auch die Trauer in ihren Augen, die sie bei Ben sofort bemerkt hatte. Die gleichen hellblauen Augen. Emma hatte ihr gesimst, dass sie am rechten Tisch vor dem Café saß. Sunnys Blick suchte die Tischchen ab, entdeckte Emma und kam vorsichtig lächelnd auf sie zu. Man merkte ihr an, dass sie sich schämte, dass sie sich unglaublich überwinden musste.
»Hallo. Entschuldigung, sind Sie Emma?«
»Ja das bin ich. Schön, dass Sie da sind«, sagte Emma, um der Frau die Scheu zu nehmen. Sie wusste selbst zu gut, wie Scham einen Menschen klein machen konnte. Sehr klein sogar, unnötig klein.
Sunny setzte sich. Dann wusste keine von beiden, etwas zu sagen. Worauf hatte sich Emma da nur eingelassen? Wieso mischte sie sich in Familienangelegenheiten ein, die sie im Grunde

nichts angingen? Doch sofort meldete sich ihr Herz. Sie tat es für ihre geliebte Mom, um sie zu schützen und für Ben. Jedes Mal wenn sie an Ben dachte, spürte sie eine Wärme in sich, die so gut tat.
Sunny fing schließlich an, Emma nach Ben zu befragen. Wie er aussah, was er machte, was für ein Mensch aus ihm geworden war. Emma kam immer mehr ins Schwärmen und bemerkte es selbst.
Sunny lächelte. »Sie scheinen Ben sehr zu mögen.«
»Ja, wieso nicht«, sagte Emma schnell. »Er ist ein guter Freund, oder guter Bekannter, wie auch immer. So lange kennen wir uns ja noch nicht. Ich glaube, er ist ein guter Mensch wie gesagt.«
Sunny lächelte. »Sie empfinden mehr für ihn.«
Emmas Herz hörte auf zu schlagen. Was behauptete diese Frau da einfach, hatte sie recht?
»Nein«, erwiderte Emma schnell. Sunny überschritt hier eindeutig eine Grenze.
»Aber sicher, sonst hätten sie sich nicht so für ihn eingesetzt.«
»Ich habe mich nicht für ihn eingesetzt ...« Emma suchte nach Worten.
»Sie haben mich gesucht. Die Tochter meiner Freundin meinte, sie hätten nicht locker gelassen.«
»Ja aber doch nicht für Ben«, rutschte Emma aufgewühlt heraus.
»Für wen denn dann?«
»Für meine Mom«!

»Wie meinen Sie das? Wieso für ihre Mutter?« Sunny schien nun äußerst verwundert zu sein. Sie bedeutete dem jungen Kellner, dass sie immer noch auf ihren Tee wartete. »Was ist das denn hier für ein Service!« Sunny hatte eindeutig etwas Divenhaftes.

Der Kellner nickte nur gelassen, kassierte an einem anderen Tisch fertig ab. Emma dachte angestrengt nach, wie sie Sunny von ihrer Mission erzählen könnte. Aber eigentlich brannte sie viel mehr darauf, zu erfahren, warum eine Mutter ihr kleines Kind zurücklassen konnte. Was für Beweggründe Sunny gehabt hatte. Eigentlich war sie ihr sympathisch, umso weniger konnte es Emma verstehen.

»Was ist mit ihrer Mom?« Sie sprach das Wort »Mom« gedehnt aus.

»Mit ihr ist nichts. Ich meine, es geht ihr gut. Also ich hoffe es …«

»Was wollen Sie damit sagen?«

»Sie ist mit Werner zusammen, mit ihrem Ex.« Jetzt war es raus. Emma beobachtete Sunny aufmerksam, wie sie reagierte. Doch ihre Miene blieb gelassen. »Mit Werner? Ihre Mutter?« Sie musste diese Info wohl erst einmal verdauen.

»Ja. Erst seit ein paar Wochen, oder Monaten. Deshalb sind wir auch nach Berlin gezogen.«

»Verstehe. Und warum wollten Sie dann unbedingt

mich treffen?«
»Weil ich mir einfach nicht sicher bin, ob man Werner vertrauen kann. Ob er ein guter Mensch ist, wie Ben«, fügte sie noch leise hinzu.
Sunny lächelte wieder, dieses wissende Lächeln einer Mutter. »Und ob er das ist. Werner ist eine Seele von Mensch. Zumindest war er das zu meiner Zeit. Wenn er eine Frau liebt, und davon gehe ich aus, wenn ihre Mutter nur halb so charmant ist wie Sie, dann tut er alles für sie.«
»Wirklich?« Emmas Magen drehte sich um. Was hatte sie nur getan? Wieso konnte sie Werner nicht einfach vertrauen? Wieso hatte jene Nacht damals nur all ihr Vertrauen so dermaßen zerstört?
»Aber ... er kommt oft zu spät und spät von der Arbeit und zeigt ihr so nie, dass sie das Wichtigste ist in seinem Leben. Seine Prinzessin.«
»Das stimmt«, wandte Sunny ein. »Diese Macke hat er. Aber er meint es nicht böse. Er bemüht sich wirklich immer, rechtzeitig zu kommen, aber irgendwie schafft er es selten. Am Anfang habe ich ihm das auch ein übel genommen. Aber je besser man ihn kennenlernt, desto mehr begreift man, was für ein ausgeglichener, liebevoller Mensch er ist. Was für einen Schatz man da an seiner Seite hat.«
Emma sah Sunny an, wie sehr diese bereut haben musste, Werner verloren zu haben. Warum auch immer. Sie bemerkte eine Träne in Sunnys Augen.

Schlagartig wurde Emma klar, dass sie einen riesigen Fehler begangen hatte, indem sie Mom vor ihm warnte. Ohne diesen Menschen zu kennen. Ohne ihm jemals eine wirkliche Chance gegeben zu haben. Emma hatte sie gesehen, die Zweifel in Moms Augen, die Emma gesät hatte. Oh mein Gott, sie hatte womöglich Moms Beziehung, die große Liebe ihrer Mutter zerstört. Nur weil sie selbst nicht fähig war, seit jenem Abend, seit jener Nacht, einem Mann zu vertrauen. Mom war so lange alleine gewesen, wegen ihr. Weil sie es Emma nicht zumuten wollte, einen neuen, fremden Mann. Und jetzt hatte Emma nichts anderes zu tun gehabt, als Moms neues Glück mit ihrer Jugendliebe einfach zu zerstören?

Emma fühlte sich schlecht, so schlecht und miserabel, als habe sie jemand mit einem dicken Stock in den Magen geschlagen. Sie hatte keinerlei eindeutige Anhaltspunkte für ihre Verdächtigungen Werner gegenüber gehabt. Es war immer nur ein seltsames Gefühl gewesen, anfangs seinem Zuspätkommen geschuldet und dann Bens Erzählungen. Wie er über einen lieblosen Vater redete, der sich kaum um ihn kümmerte. Das alles rundete die Sache ab. Emma erzählte Sunny davon und die wirkte für einen Moment erschüttert. »Was? So ein schlechter Vater soll Werner gewesen sein?« Dann schüttelte sie vehement den Kopf.

»Nein. Das kann ich mir nicht vorstellen. Im Gegenteil. Er war ein großartiger Vater. Ich habe es doch sieben Jahre lang miterlebt. Sonst hätte ich doch nicht ...« Sie brach ab. Verzweifelt, schwer atmend, erschüttert. Genau in dem Moment, als Emma nachhaken wollte, kam der hippe Kellner mit ihrem Tee.
»Sorry, dass es so lange gedauert hat. Ich hab Sie total vergessen.«
Sunny starrte ihn nur an, unfähig etwas zu sagen.
»Alles klar bei Ihnen?«, fragte er nach. Sunny schüttelte nur den Kopf, dachte offensichtlich fieberhaft nach.
Emma beobachtete sie genau. Wie gerne würde sie wissen, was in dieser Frau vor sich ging.
Sunny sah Emma überzeugt an. »Nochmal. Werner war ein guter Vater. Da bin ich mir ganz sicher. Ben war bestimmt furchtbar traurig, dass ich nicht mehr da war. Da ist es doch natürlich, dass ein Kind schwierig wird. Glauben Sie mir, ich wollte zurückkommen, aber ... es ging nicht.«
Emma spürte, dass Sunny ihr nicht den Grund dafür erzählen würde und das akzeptierte sie auch vollauf. Aber sie sollte es wenigstens Ben sagen, der immer noch so sehr darunter litt, nicht geliebt worden zu sein, von der eigenen Mutter verlassen. Wenigstens er musste wissen warum.
»Wollen Sie ihn denn bald treffen?«, fragte Emma

vorsichtig. »Ich meine Ben.«

Sunny schluckte schwer. Ihr Gesicht wurde aschfahl. Mit zitternden Fingern nahm sie die Tasse Tee in die Finger. Sie führte die Tasse angestrengt zu ihren Lippen, verbrannte sich etwas, setzte sie wieder ab.

»Ich weiß nicht, ich glaube ... es ist zu spät, ich kann einfach nicht.«

Emma sah sie erstaunt an. »Aber deshalb sind sie doch nach Berlin gekommen, oder nicht?«

»Ich habe keine Ahnung. Ja, vermutlich. Ich wollte hören, was sie mir von ihm zu erzählen haben. Er will mich doch bestimmt überhaupt nicht sehen. Nach so langer Zeit. Nach allem was ich ihm angetan habe, meinem Baby?« Tränen schossen ihr in die Augen. Schnell nestelte Sunny in ihrer silbernen Glitzerhandtasche nach einem Taschentuch, zog es heraus, schnäuzte sich. Und auch Emma fühlte sich plötzlich unendlich traurig. Fast hätte sie mitgeweint.

»Doch, das will er«, fuhr sie einfühlsam fort. »Das weiß ich.«

Sunny zuckte nur hilflos die Schultern. Sie zitterte am ganzen Körper, schnaubte erneut in das Taschentuch, holte aus ihrer Tasche eine große, schwarze Sonnenbrille und setzte sie auf, dann einen Geldbeutel. »Ich ... ich ... es tut mir so leid ... alles ... ich muss jetzt gehen. Ich lade Sie ein.« Ehe

Emma antworten konnte, nahm Sunny einen Zehn-Euro-Schein aus ihrem Portemonnaie, legte ihn auf den Tisch, stand auf und eilte davon. Emma rief ihr noch hinterher: »Er will doch nur wissen, warum?!« Doch Sunny drehte sich nicht mehr um. Fast wie eine Feder im Wind schwebte sie in Richtung Straßenbahn davon. Emma ließ es erschüttert geschehen.

Sie hatte alles kaputt gemacht. Die Beziehung ihrer Mom, deren ganzes Glück. Und alles nur, weil sie selbst Gespenster sah. Weil sie die Schatten der Vergangenheit nicht verscheuchen, weil sie ihren Schmerz, dieses Erlebnis nicht überwinden konnte. Emma wurde bitter klar, dass es so nicht mehr weiterging, dass sie im Begriff war, ihre kleine Familie zu zerstören. Anton den neuen Stiefvater wegzunehmen, der sich so rührend und liebevoll um ihn kümmerte. Ihrer Mom den Freund und ihre große Liebe. Ganz offensichtlich hatte Werner damals keinen Zugang zu seinem traumatisierten Sohn gefunden und war daran ganz sicher verzweifelt. Wie leid er ihr plötzlich tat, wie unendlich leid. Aber Ben auch. Noch um so vieles mehr. Und so hoffte sie, dass es eine winzige Chance gab, Vater und Sohn wieder etwas anzunähern. Ben musste wie Emma endlich klar werden, dass man sich nicht ewig auf den Verletzungen von früher ausruhen durfte. Jeder

Mensch erlebte früher oder später etwas Schlimmes, das einem weh tat, das schmerzte und verletzte. Je nachdem wie sensibel und gefühlvoll ein Mensch war, umso mehr. Aber Emma wusste jetzt: man musste nach vorne sehen, nicht zurück. Das, was geschehen war, konnte man nicht rückgängig machen. Man durfte nicht immerzu alles mit früheren Erlebnissen entschuldigen und vergleichen, sondern ein Jeder sollte sein zukünftiges Leben leben. Jeder Mensch hatte nur das Eine und Emma spürte plötzlich so eine Sehnsucht nach Ben, nach diesem Mann, der so viel Schmerz erfahren musste. Sie musste Sunny dazu bringen, mit ihm zu reden, aber vermutlich brauchte sie noch ein wenig Zeit.

Emma wartete, bis der Kellner den zehn Euro-Schein mitgenommen hatte, stand mit bleiernen Beinen auf. Sie hoffte es so sehr, dass es nicht bereits zu spät war, dass sie Moms Zweifel nicht schon zu sehr gesät hatte und die Saat aufgegangen war. Sie wollte doch nur ihr Glück und hatte mit ihren haltlosen Bemerkungen über Werner vielleicht genau das zerstört.

Wie in Trance ging sie die kleinen Straßen am Boxhagener Platz entlang. Junge Leute saßen in Straßencafés, unterhielten sich lachend, flirteten oder küssten sich. Emma spürte einen riesigen Kloß im Magen, irrte umher und vergaß ganz die Zeit.

Ben. Immer wieder dachte sie an Ben. Der wie sie nicht mehr vertrauen konnte. Der wie sie in einer Art Starre, einem unsichtbaren Käfig gefangen war. Der sein Leben nicht so lebte, wie es ein junger Mensch Mitte 20 tun sollte. Lebe wild und gefährlich, sei mutig und freue dich auf deine Zukunft. Das sollte eigentlich ihr Lebensmotto sein. Was sollte sie ihm nur erzählen? Wieso hatte sie ihm nicht gleich berichtet, dass sie seine Mutter treffen würde, dass diese sich gemeldet hatte? Emma spürte jetzt schon, wie enttäuscht er sein würde.

11. Kapitel

Emma wusste nicht, wie sie es geschafft hatte, zurück zum Müggelsee zu gelangen. Ihre schweren Beine hatten sie in die S-Bahn getragen, weiter ging es zur Strandbar. Sie hatte Sehnsucht nach ihrer Mom, nach ihrer liebevollen Mutter, die immer für sie da war. Emma musste unbedingt sofort die Sache mit Werner bereinigen. Wenn es denn nicht schon zu spät sein würde. Emma hatte Panik, keinen Sinn für das Glitzern des Sees in der Abendsonne, die Enten und Schwäne, die darauf herumpaddelten. Nicht für das bunte Treiben an der Bar. Die jungen Leute, die sich zu chilliger Musik scheinbar sorglos in den bunten Sitzsäcken fläzten. Ihre hübsche, junggebliebene Ma, die so beliebt bei den Surfern zu sein schien. Sie strich sich gerade eine blonde Haarsträhne zurück und redete charmant mit einem jungen Mann in Emmas Alter. Emma hatte es ihren Augen eigentlich verboten, aber sie suchten nach Ben. Er schien nicht da zu sein und von seiner Clique konnte sie auch keinen entdecken. Draußen auf dem See, auf einem Surfbrett, glaubte Emma ihn für einen kurzen Moment zu erkennen. Sie war sich aber nicht sicher und wurde von ihrer Mutter abgelenkt. Die hatte Emma erblickt, sofort veränderte sich ihr

Gesichtsausdruck, wurde traurig und müde.
»Emmchen, das ist ja schön, dass du mich besuchst.«
»Hi, Mom. Was ist denn los, du guckst so traurig?«
Mom senkte ein wenig den Kopf, achtete darauf, dass sie keiner der Leute hören konnte. »Ach, es ist gerade schwierig mit Werner.«
Emmas Herz stand still. Es durfte nicht sein. Sie hatte es bereits kaputt gemacht? Das Glück ihrer Mutter?
»Wie, wie meinst du das?«, stotterte sie aufgewühlt.
»Ich weiß auch nicht«, seufzte Mary. »Ich kann ihm einfach nicht mehr vertrauen.«
Emma starrte sie an, vergaß zu atmen. Sie konnte nicht reagieren, ihrer Mutter sagen, dass sie sich geirrt hatte, dass sie den Schatten ihrer Vergangenheit auf den Leim gegangen war. Dass sie in jedem Mann ein Scheusal gesehen hatte, selbst in Werner, der laut seiner Ex ein wundervoller Mann und Vater gewesen war. Gerade als sie endlich ansetzte, etwas zu sagen, traten ein paar junge Leute an die Bar und bestellten Cola und Mezzo Mix.
Nachdem Mom ihnen die Getränke serviert hatte, wandte sie sich an Emma, die immer noch stocksteif dastand, als sei sie von einer Fee verzaubert worden.

»Emma. Magst du etwas trinken?«

»Ich ... nehme eine Apfelschorle.«

»Du bist immer so bescheiden, möchtest du nicht lieber einen Sunflower-Cocktail? Ohne Alkohol?«

Mom lächelte sie aufmunternd an. »Wir müssen das Leben genießen, auch wenn es mit den Männern bei uns nicht so läuft.« Sie hatte ja so recht, ihre immerzu positiv gestimmte Mom.

»Okay, klingt wunderbar.«

Der bunte Cocktail schmeckte köstlich. Nach Mango, Kokos und frischem Orangensaft. Dazu Limetten und frische Pfefferminze. Während Mom erneut andere Gäste bediente, wanderte Emmas Blick zurück auf den See. Der Surfer, der ohne Wetsuit surfte, sah von hinten wirklich aus wie Ben. Oder doch nicht? Hatte Ben einen so muskulösen, gut gebauten Rücken? Und ein Segel in dieser Farbe? Emma hatte nicht darauf geachtet, außerdem besaß Ben bestimmt mehrere bunte Segel. Sein Vater ließ es ihm an Geld ja nie mangeln. Wie nett von Werner, durchfuhr es Emma. So verletzt wie er sein musste, hätte er ihm den Geldhahn durchaus auch zudrehen können. Aber nein. Werner blieb gut zu ihm, auch wenn Ben nach seinen Erzählungen die letzten Jahre unausstehlich zu ihm gewesen sein musste. Werner. Der nette Werner, der nur etwas unpünktlich zu sein schien und die Arbeit zu oft an erste Stelle setze. Durfte ein Mann keinen einzigen Fehler haben? Nicht einen? Emma wurde bewusst, dass sie mit dieser Einstellung nie einen Mann akzeptieren würde, auch nicht für Mom. Dass sie so immer allein bliebe. Männer waren schließlich auch nur Menschen. Selbst Traummänner. Ein, zwei kleinere Makel durften sie schon haben. Emma hatte Moms Vertrauen in Werner kaputt gemacht, musste jetzt alles daran setzen, die Beziehung und Liebe der beiden wieder zu retten. Wenn schon bei ihr selbst nichts mehr zu retten war. Der einzige Mann, den sie mochte, hieß Ben. Aber dessen Herz schien genauso verschlossen wie ihres. Vermutlich deshalb konnte er die Liebe seines Vaters nicht spüren. Wen wunderte es?!

Und die Liebe einer Frau?, sinnierte Emma weiter, während sie immer wieder an ihrem Cocktail nippte. Wie sollte Ben jemals glücklich werden, eine Frau lieben können, wenn er es nicht schaffte, sein Herz zu öffnen? Emma schalt sich selbst ob ihrer Gedanken. Es konnte ihr doch so egal sein, ob Ben jemals lieben konnte, oder nicht. Selbst wenn er doch noch ihr Stiefbruder wurde. Wenn sie Moms Beziehung nicht schon zerstört hatte. Es konnte Emma egal sein, wie es gefühlsmäßig in ihm aussah. Ob Ben sich öffnen konnte oder nicht. Doch was war mit ihr? Sie konnte es doch genauso wenig. Ein verschlossenes Herz schützte sie, nicht erneut verletzt zu werden und das war doch gut so, oder nicht? Emma roch die frische Pfefferminze, widmete sich ihrem köstlichen Cocktail. Sie beobachtete ihre quirlige Mutter, wie sie mit den jugendlichen Gästen redete und dachte an Sunny. Wie unterschiedlich die beiden Frauen zu sein schienen. Doch sie wusste ja nicht, wie Sunny damals war. Was hatte das Leben mit ihr gemacht? Was hatte sie dazu bewogen, ihren kleinen Sohn zurück zu lassen? Emma ließ dieses Geheimnis einfach nicht los.

Emma stand nachdenklich eine Weile da, starrte auf den See, schlürfte an ihrem Cocktail, da berührte plötzlich sacht eine Hand ihre Schulter. Emma zuckte zusammen, drehte sich um und blickte genau in Bens Augen. Sie leuchteten in der Sonne noch blauer, sein Gesicht sah braungebrannt, aber angespannt aus.
»Emma, entschuldige, ich wollte dich nicht erschrecken.«
»Das hast du nicht. Dann warst du das doch, da draußen auf dem Surfbrett?«
Etwas Dümmeres fiel ihr nicht ein. Jetzt wusste er, dass ihre Augen ihn gesucht hatten.
Er nickte lächelnd, sah sie forschend an. Rasch senkte Emma ihren Blick, fühlte sich schlagartig schuldig. Schuldig, nicht vor dem Treffen mit seiner

Mutter mit ihm geredet zu haben, ihn nicht sofort dazu gebeten zu haben. Aber wie denn auch, verteidigte sie sich vor sich selbst. Sunny hatte sie angerufen und gebeten, auf sie zu warten. Sie wollte Emma allein treffen, nicht gleich mit Ben. Das war offensichtlich.

»Emma? Was ist denn los mit dir? Du siehst so traurig aus?«

Bens warme Stimme holte sie in die Realität zurück. Natürlich war sie traurig. Todtraurig, dass sie mit ihrem Argwohn Mom und Werner auseinander gebracht hatte. Traurig, dass Ben immer noch nicht wusste, warum sich seine Mutter nie wieder gemeldet hatte.

»Ich ... ja, ich weiß nicht, ich war gerade nur in Gedanken.«

Sie betrachtete seine vollen Lippen von Nahem, spürte ein Kribbeln im Bauch, das sich anfühlte, als marschiere eine Armee von Ameisen darüber. Sollte sie es ihm hier und jetzt sofort sagen? Dass sie gerade allein die Frau getroffen hatte, die ihm die letzten Jahre so unendlich weh getan hatte? Emma brachte es einfach nicht übers Herz. Sie besaß den Mut nicht, fühlte sich schlecht. Er war ihr aber auch so aus dem Weg gegangen seit ihrem Wochenende am Stechlinsee.

»Du hast mir noch gar nicht erzählt, wie das Gespräch mit deinem Pa gestern lief?«, lenkte sie nervös ab.

Er nickte, schnaubte augenblicklich durch. »Mein Pa und ich, das hat einfach keinen Sinn«, sagte er bemüht beherrscht. Doch seine Stimme zitterte. »Seit du, seit du das alles wieder hochgeholt hast, läuft es noch schlechter zwischen uns.«

Erschrocken sah sie ihn an. »Wie meinst du das? Bin ich jetzt schuld daran?«

»Nein, ach ich weiß auch nicht. Er checkt es einfach nicht, wie es mir geht. Keine Ahnung. Das hat er noch nie.«

Emmas Kopf vibrierte. Was hatte sie nur getan? Wieso hatte sie nur alle Männer über einen Kamm geschert? Wie dumm und naiv von ihr. Wie konnte sie das alles wieder gut machen?

Emma biss sich auf die Lippe, platzte heraus: »Deine Mutter hat sich bei mir gemeldet.«

Fassungslos starrte Ben sie an, seine Pupillen weiteten sich. »Was hat sie?«

»Sich gemeldet, bei mir. Also, nachdem ich diese Azubine in der Bäckerei erneut genervt habe.«

Ben sah sie nur an. Er schüchterte sie ein. Seine Ausstrahlung, seine Kraft, seine Augen. »Sie hat mir geantwortet, dass ihre Mutter eine Freundin von deiner Mutter ist und sie ihr Bescheid sagt, dass ich sie suche.«

Ben strich sich aufgewühlt übers Gesicht.

»Und dann?«

»Dann hat deine Mutter mich angerufen. Sie hat gleich geahnt, dass es um dich geht. Sie wollte aber erstmal nur mich sprechen.«

»Das sagst du mir jetzt erst?«

»Ich ... habe sie vorhin getroffen.« Jetzt war es raus.

»Getroffen sogar? Ohne mich?!«

»Sie wollte es so. Hat nicht viel gesagt, also nichts wegen damals, meine ich. Sie hat sich nach dir erkundigt, was du so machst und so. Sie hat gesagt, dass sie dich so vermisst und dann hat sie geweint und ist ziemlich schnell gegangen.«

Bens Gesicht sah inzwischen kreidebleich aus. »Einfach so?«

»Naja, nicht einfach so. Man hat ihr angesehen, wie sehr sie gelitten hat. Und ich bin mir auch ziemlich sicher, dass sie sich nochmal melden wird. Oder ich, beziehungsweise du. Ich habe ja jetzt ihre Handynummer und kann sie dir geben.«

Ben schüttelte zutiefst verletzt den Kopf. »Emma, ich habe dir vertraut. Du bist wirklich das Allerletzte.«

Emmas Herz fühlte sich an, als habe er ihr mit einem Messer hineingestochen. Sie hatte es doch alles nur gut gemeint.

***

In Bens Kopf hämmerte es, als habe jemand direkt neben ihm einen Presslufthammer angeworfen. Er joggte den Weg von der Strandbar in seinen Garten, sein Herz pochte. Sobald er seinen Garten betrat, stürmte ihm Sheila entgegen, wedelte mit dem Schwanz, schleckte ihn ab. »Guter Hund, der allerbeste.«

Seine Gedanken rasten immerzu. Seine Mutter. Seine Mutter hatte sich endlich gemeldet. Nach all den Jahren. Emma hatte es tatsächlich geschafft. Sie würde eine gute Journalistin abgeben. Aber sie hatte seine Mutter auch einfach getroffen, ohne ihm einen Ton zu sagen. Wie konnte sie das nur tun? Wie konnte er diesem seltsamen Mädchen nur so schnell so blind vertrauen? Wieder einmal hatte es sich bewahrheitet. Menschen konnten zu allem fähig sein, selbst Mädchen, die wirkten, als könnten sie die Welt retten. Ihn nicht. Ihn konnte keiner retten und Ben wollte es auch nicht mehr. Sheilas Fell fühlte sich so weich an, ihr Körper so warm. Ben kniete bei ihr, kraulte sie und dachte angestrengt nach. Diese ganze Suche nach seiner Mutter war eine vollkommen dämliche Idee gewesen. Emma hatte ihm vorgegaukelt, es auch für ihn zu tun. Doch eigentlich wollte sie nur wissen, wie sein Pa damals zu seiner Ma war. Um ihre Mutter mit stichhaltigen Argumenten von Werner abzubringen. Sie vor ihm zu schützen. Was für ein Schwachsinn! Sein Vater war vielleicht ein Idiot, aber doch kein schlechter Mensch. Wie konnte sich Ben nur auf diese ganze Aktion einlassen? Natürlich hatte sein Pa auch viele gute Seiten, keine Frage. Sehr viele vermutlich. Zumindest einer Frau gegenüber, die er liebte. Aber an ihm, an ihm als Kind und Teenager hatte er sich eindeutig die Zähne ausgebissen. Ben wusste genau, wie schwierig er damals gewesen war. Wie unzugänglich und verschlossen als Kind. Es gab kein Herankommen an ihn, kein Mensch dieser Welt hätte es geschafft. Ein wenig tat ihm sein Vater im Nachhinein leid. Aber auch nur ein wenig. Denn schließlich wusste Ben immer noch nicht, was damals zwischen seinen Eltern vorgefallen war, was seine Mutter dazu bewogen hatte, nie wieder zurück zu kommen.

Ben atmete aufgewühlt durch. Auch wenn es jetzt eine Handynummer von ihr gab. Er wollte seine Mutter auf keinen Fall sehen. Seine feige Mutter, die nicht einmal jetzt, nach all den Jahren, ihn treffen wollte. Sondern nur ein Mädchen, das sie nicht einmal kannte.

Ben ging mit Sheila hinein in seine Hütte, legte sich mit ihr aufs Bett und umarmte sie. Der Hund gab ihm Halt. Er wollte Emma nie wieder sehen. Dieses Mädchen, das anfangs so strange gewirkt hatte,

dann immer interessanter. Er hatte sie bewundert für ihr Engagement und ihre Leidenschaft, was ihren zukünftigen Beruf als Journalistin betraf. Emma setzte sich für andere Menschen ein. Doch diesmal hatte sie es eindeutig übertrieben. Sie sollte sich mal besser um sich selbst kümmern, denn da schien ja auch einiges im Argen zu liegen. Was hatte sie damit gemeint, »das sei ihr eigener Film?«. Was schleppte sie mit sich herum? Ben wollte es überhaupt nicht mehr wissen. Sie war ihm von jetzt an egal, für ihn gestorben. Selbst wenn es mit Werner und dieser Mary weitergehen sollte, Ben würde auf keinen Fall einen auf Stiefbruder für Emma machen. Sofern diese Familie hier wohnen bleiben würde oder womöglich gleich bei Werner einzöge, würde Ben in die Innenstadt ziehen. Nach Prenzlauer Berg oder Friedrichshain. Werner würde es schon zahlen. Auch wenn dort die Mieten immer krasser wurden. Egal. Ben hielt es hier nicht mehr aus. Neben Emma, neben deren Kater und ihrem kleinen Bruder, der ihn immerzu an sich selbst erinnerte. Zum Glück lagen die Semesterferien vor der Tür. Dann musste er sie im Blockseminar nicht mehr ertragen. Ihren Geruch, ihr Gerede, das so mitfühlend klang, aber offenbar doch nur egoistisch und berechnend war.
Wie konnte sie ihm das nur antun? Heimlich, hinter seinem Rücken, seine Mutter treffen! Seine

Mutter, diese Persona non grata. Diese unmögliche Person.
Ben konnte sich kaum noch beruhigen. Einzig die Wärme von Sheila brachte ihn wieder ein wenig zur Ruhe. Er wollte von jetzt ab versuchen, dieser Emma aus dem Weg zu gehen. Was schwierig werden würde, als ihr Nachbar. Doch es musste sein. Nicht noch einmal würde er auf sie hereinfallen, auf dieses Mädchen, das aussah wie ein Engel. Wieso nur schmerzte es so sehr?

***

Emma saß mit angewinkelten Beinen auf den Stufen ihrer Terrasse, kraulte Bijoux und blickte traurig in Richtung Bens Gartenhütte. Ein kleines, dämmriges Licht schien aus einem Fenster heraus, Sheila tobte nicht im Garten herum oder wollte mit Bijoux spielen, wie sonst. Die beiden Tiere hatten sich wirklich angefreundet. Ganz im Gegensatz zu ihren Herrchen und Frauchen. Bijouxs Fell fühlte sich so flauschig weich an und das Schnurren des Katers klang in ihren Ohren. Emma hatte es kaputt gemacht, alles um sie herum, auf einen Schlag. Werner, so hatte ihre Mutter ihr erzählt, zweifelte inzwischen auch an ihrer Beziehung, da Mary ihm offenbar nicht mehr zu hundert Prozent vertrauen konnte. Das durfte einfach nicht sein. Emma knibbelte an ihrer Lippe, sah hinüber in Bens Garten. Sie musste ihren Fehler wieder gut machen, irgendetwas tun. Bloß was?

Da kam Mom aus ihrer kleinen Hütte, setzte sich zu ihr, sagte erst einmal nichts. Die Grillen zirpten, eine kleine Meise hüpfte auf der Wiese herum, suchte Futter.

»Weißt du was?«, begann Mom leise.

»Nein, was?«

»Ich habe wirklich gedacht, diesmal schaffen wir es.«

Emma hörte stumm und getroffen zu. Die Sonne war bereits fast untergegangen, ließ sich gerade sanft als orangener Ball auf der grünen Wiese nieder.

»Ich habe gedacht, Werner ist der Sechser im Lotto, Emma. Dass du hier deine Angst überwindest, einen tollen Uni-Abschluss machst, nette Leute kennenlernst in Berlin. Und Anton wird auch endlich wieder richtig glücklich.

»Anton? Der ist doch glücklich. Oder etwa nicht?«

Emma merkte plötzlich, dass sie sich viel zu wenig um den kleinen Kerl gekümmert hatte. Dass sie gar nicht wusste, wie es in ihm wirklich aussah. Ähnlich wie Werner damals mit Ben?

»Ich habe nicht das Gefühl«, hörte sie ihre Mutter leise sagen. »Ihm fehlt ein Mann im Haus schon sehr. Und das schon lange. Werner kann so gut mit ihm. Als ich die beiden zusammen sah, habe ich es erst so richtig bemerkt. Es würde Anton das Herz brechen, wenn wir aus Berlin, von Werner weg gingen.«

»Emma schluckte schwer. Ihre Kehle fühlte sich trocken an. Sandig.

»Das stimmt«, räusperte sie sich. Werner kann super mit Anton. Und wir müssen aus Berlin nicht weg. Also ich meine, hoffentlich. Ich will hier nämlich auch nicht mehr weg.« Hatte sie das jetzt wirklich gesagt? Sie spürte, sie wollte in Bens Nähe bleiben. Egal wie.

»Werner wäre auch sehr traurig, wenn es zwischen uns wirklich nicht klappt. Aber er sagt ...« Moms Stimme brach. Ihre Augen füllten sich mit Tränen.

»Was Mom? Was sagt er?« Bijoux hörte auf, zu schnurren, als ob auch er ihren Worten lauschen wollte.

»Er sagt. Er liebt mich unendlich, aber wenn ich nicht sicher bin, dann ... dann lieber ein Ende mit Schrecken, als ein Schrecken ohne Ende ... für ihn. Verstehst du das?«

»Oh ja«, hauchte Emma verzweifelt. »Das verstehe ich.« Was hatte sie nur getan. Sie hatte sich wie ein aufmüpfiger Teenager verhalten, der den neuen Freund der Mutter wegekelte. Dabei steckte doch so viel mehr dahinter? Alles nur wegen dieser traumatischen Nacht. Aber durfte sie sich wirklich jahrelang darauf herausreden? Nein, sie durfte es nicht. Emma war extrem sensibel, vermutlich deshalb hatte sie so lange darunter gelitten. Aber irgendwann war einfach Schluss. Entschlossen starrte Emma die kleine Meise an. Sie hatte einen Wurm gefunden. Im Garten von Ben.

»Mom, weißt du was? Ich hab mich furchtbar blöde verhalten und es tut mir unsagbar leid. Werner ist kein Griff ins Klo. Ganz im Gegenteil. Ich bin mir ganz sicher, dass er ein Toller ist und dass das alles Schwachsinn war, was ich da vermutet habe. Ich kannte ihn doch überhaupt nicht.«

Ihre Mutter sah sie überrascht an. »Wieso kannst du dir jetzt plötzlich so sicher sein?«

Emma atmete durch, schloss die Augen und redete weiter. »Weil ich seine Ex-Frau gefunden habe. Eigentlich für Ben. Aber eben auch für dich. Ich wollte, dass du glücklich wirst. Endlich mal. Weil, das hast du verdient. Und dann hab ich sie gesucht, also erst mit Ben zusammen, aber dann allein.«

Betroffen starrte ihre Mutter sie an. »Du hast was?«

Emma nickte kleinlaut. »Ich wollte von ihr hören, ob Werner damals schuld war, dass sie auf und davon ist, dass sie nie zurückgekehrt ist. Aber das war totaler Blödsinn, das hat sie mir versichert. Sie hat mir zwar nicht gesagt, was der wahre Grund gewesen ist, aber dass Werner ein toller Mann ist. Und ein toller Vater, wenn man ihn lässt.«

Wieder füllten sich Moms Augen mit Tränen. Aber diesmal vor Rührung, vor Liebe, vor was auch immer. Sie nahm Emma überwältigt in den Arm, drückte sie fest. Bijoux, der dabei etwas verquetscht wurde, sprang von Emmas Schoß und flitzte in Bens Garten.

»Das hast du für mich getan? Emmchen, du bist ja so ein Schatz«, flüsterte Mom an ihrem Ohr. Emma schüttelte ihren Kopf, in der Halsbeuge ihrer Mutter. »Das bin ich nicht. Zumindest sieht Ben das ganz anders.« Sie löste sich von Mom. »Seine Mutter hat mich angerufen und wollte mich sofort sehen. Alleine. Und als ich ihm danach von unserem kurzen Treffen im Café erzählt habe, war er stinksauer auf mich. Und ist es vermutlich immer noch. Zu Recht. Mom, er hat mir vertraut und ich hatte nichts Besseres zu tun, als ihn zu hintergehen. Ich hätte seine Mutter nicht ohne ihn treffen dürfen. Nicht, ohne sein Einverständnis. Nicht nach so vielen Jahren.«

Mom sah Emma erschüttert an, sie verstand offenbar. »Oh Emma. Das tut mir so leid. Du wolltest Gutes tun und jetzt steht dein eigenes Glück in den Sternen.«

»Mein eigenes Glück? Was meinst du damit?« Was redete sie da?

Mom lächelte Emma traurig an. »Ich sehe doch, wie viel du für Ben empfindest. Immer, wenn du von ihm redest, immer, wenn du ihm in die Augen blickst. Ich habe euch beobachtet, an der Strandbar.«

Fassungslos schüttelte Emma den Kopf. »Ich empfinde nichts für ihn. Also nicht so, wie du das meinst. Ich mag ihn, er tut mir leid, mehr nicht.«

»Mehr nicht?« Mom streichelte ihr über den Arm. »Ist schon gut, wir müssen nicht darüber reden. Er scheint ja gerade ziemlich sauer auf dich zu sein. Das tut mir so leid. Aber vielleicht verzeiht er dir ja.«

Emma stand unwohl auf, wieder ging ihr Blick zu seiner Hütte. Das kleine Licht erlosch gerade eben. Wollte Ben etwa jetzt schon schlafen?

»Mom, dass ich seine Mutter getroffen habe, da gibt es nichts zu verzeihen. Ich hab da so ganz spontan zugesagt, ohne groß darüber nachzudenken, aber jetzt weiß ich, dass es falsch war. Komplett falsch.«

Emma stand auf. Sie wollte mit ihrer Mutter nicht darüber sprechen, ob und was sie für Ben empfand. Wie kam Mom überhaupt darauf? Ben interessierte sich doch nicht für sie, Emma Thompson. Ein Typ wie Ben. Außerdem war ihr dieser surfende BWLer viel zu oberflächlich, viel zu wenig am Weltgeschehen und anderen Menschen interessiert.

Sie wollte jetzt einfach ins Bett. Die Decke über den Kopf ziehen, mehr nicht. Sie wünschte ihrer Mutter eine gute Nacht, bat sie, Werner nichts von seiner Ex zu sagen, aber um Werner zu kämpfen. »Ihr passt super zusammen, Mom. Bitte, gib ihn nicht auf.«

Als Emma im Bett lag und Anton im Stockbett über sich schnorcheln hörte, fühlte sie sich mit einem Mal so schwach wie selten zuvor. Ihr neues Leben schien bereits wieder auseinander zu brechen und sie selbst war schuld daran. Emma graute es, vor einem Zusammentreffen mit Ben morgen in ihrem Seminar, aber irgendwie sehnte sie den Moment auch herbei.

***

Caro kam Emma vor der Uni entgegen. Ihr blondes, dickes langes Haar glänzte in der Sonne.
»Hi, Emma. Und, hast du das blaue Kleid inzwischen gekauft?«
»Äh, nein.« Emma hatte gerade wirklich anderes im Kopf, als über ihr Traumkleid nachzudenken. Das Geld fehlte außerdem nach wie vor. Aber das wagte sie Caro immer noch nicht zu sagen. »Hast du Ben heute Morgen schon gesehen?«, rutschte ihr

heraus. Caro schüttelte den Kopf. »Nein, wieso?«
»Nur so.«
Kim kam zu den beiden, musterte Emma in ihrem schwarzen T-Shirt und ihrer schwarzen Jeans.
»Hast du eigentlich keine fröhlicheren Farben im Kleiderschrank?«, wollte Kim etwas abfällig wissen.
»Also Schwarz passt immer, finde ich zumindest«, entgegnete Caro für Emma und schenkte ihr ein warmes Lächeln. Dankbar lächelte Emma zurück. Dann wandte sie sich an Kim: »Genau das wollte ich auch sagen.« Kim schien keine Lust mehr zu haben, mit ihr zu reden, wandte sich einer Kommilitonin zu. Emma, die sich bisher gewünscht hatte, von den Cliquenmitgliedern aufgenommen zu werden, war das plötzlich Recht. Wenn Caro wirklich ihre Freundin werden würde, reichte ihr das vollauf. Kim schien eh eher stutenbissig zu sein. Vermutlich, weil sie etwas von Ben wollte und in Emma lustigerweise eine Konkurrentin sah. Wenn sie nur wüsste, dachte Emma traurig. Sie und Ben waren weiter auseinander, als Sydney und Berlin.
Der Seminarraum füllte sich so langsam, doch obwohl es sich um ein Seminar mit Anwesenheitspflicht handelte, erschien Ben nicht.
Emma seufzte innerlich. Jetzt vermasselte sie ihm auch noch seinen Schein. Durch ihre bloße Anwesenheit. Am liebsten würde sie sich in Luft auflösen, dachte Emma bitter.

Nachdem sie das Seminar überstanden hatte, ging sie hinaus an die frische Luft. Dort kam ihr ausgerechnet dieser Marco, dieser fiese Totenkopf-Typ, entgegen. Emma blieb aber auch wirklich nichts erspart.

»Na, hast du immer noch keinen Anschluss gefunden?«, höhnte er ihr auch schon entgegen.

»Ich möchte meine Ruhe haben, ist das denn so schwer zu verstehen?«, konterte sie erstaunlich souverän.

»Deine Ruhe, hoho. Na die kannst du haben. Ich kenne da ein Waldstück, da könnten wir zusammen hingehen. Da haben wir ganz viel Ruhe.«

Angeekelt und ängstlich starrte sie ihn an. Mit einem Schlag verpuffte ihre aufgesetzte Souveränität und ein Gefühl von Ohnmacht und Panik machte sich in Emma breit. Sie spürte, dass ihr die Luft wegblieb.

Marco grinste verblüfft, mit so viel Wirkung seiner kläglichen Worte hätte er vermutlich nicht gerechnet. Aber jetzt, da er merkte, dass er Emma sehr leicht einschüchtern konnte, setzte er noch einen oben drauf. »Weißt du was, ich krieg immer, was ich will.«

Und damit ging er grinsend weiter. Emmas Atem setzte langsam wieder ein. Was wollte dieser Kerl von ihr? Was hatte sie ihm getan? Vermutlich spürte er, dass sie das ideale Opfer zu sein schien.

So wie damals, wie es vermutlich jeder spürte, viel zu schnell.

Emma wollte es nicht mehr. Opfer sein. Egal in welcher Beziehung. Aber was konnte sie dagegen tun? Voller Angst ging sie zur S-Bahn, beeilte sich, nach Hause zurückzufahren. Hoffentlich stellte er ihr nicht nach. Marco durfte nicht wissen, wo sie wohnte. Ihr dicker Kater konnte sie nicht wirklich vor ihm beschützen, ihm höchstens die Augen auskratzen, mehr nicht. Ben und Sheila, die hätten ihr bestimmt geholfen, vor einem Tag noch, doch inzwischen, konnte sie von Ben nichts mehr erwarten. Emma fühlte sich allein und verloren.

Auf dem Nachhauseweg von der S-Bahn zu ihrer Hütte, drehte sich Emma immer wieder unsicher um, doch Marco schien ihr nicht zu folgen. Sie atmete erleichtert aus, bog in den Weg ein, der zu ihrem Garten führte, da kam ihr Anton weinend entgegen.

»Anton, was ist denn passiert?«, fragte Emma sofort alarmiert nach, beugte sich zu ihm, wischte ihm die Tränen aus dem Gesicht und drückte ihn fest an sich. Der Kleine stotterte herum, redete unverständliches Zeugs, aber irgendwann verstand Emma, was er ihr sagen wollte. Mom und Werner hatten sich ziemlich gestritten, weil sich anscheinend Werners Ex bei ihm gemeldet und ein Date mit Werner ausgemacht hatte. Was?! Emma konnte es nicht glauben. Das hatte Sunny getan? Bevor sie ihren Sohn traf, wollte sie ihren Ex sehen? Emma verstand diese Frau einfach nicht. Hoffentlich hatte Ben davon nichts mitbekommen. Emma erkundigte sich bei Anton, ob Ben davon erfahren hatte, doch davon wusste Anton nichts. Emma tröstete ihren kleinen Bruder. Er machte sich Sorgen, dass Werner Mom nicht mehr lieb hatte und sie dann wieder in dieses Kaff bei Erlangen ziehen mussten. Zu dem doofen Timo, der ihn in der Schule immer so ärgerte. Werner wollte wieder seine Ex, warum sonst sollte er sie gerade treffen?

Gerade? Emmas Atem stockte. Sie versuchte, ruhig zu bleiben und Anton zu erklären, dass die beiden bestimmt nur irgendwas zu besprechen hätten. Dass das überhaupt nicht bedeutete, dass Werner Mom und Anton nicht mehr lieb hatte. Nachdem sie Anton ein wenig beruhigen konnte, gingen die Geschwister Hand in Hand zur Hütte. Dort saß Mom ähnlich aufgelöst wie Anton. Der wollte wieder zu Fynn, auch wieder dort übernachten, sie hatten schon alles ausgemacht. Anton, der den Weg inzwischen alleine gehen durfte, schnappte seinen kleinen Rucksack mit Schlafanzug und Zahnbürste und ging.

Emma setzte sich aufgewühlt und schlechtgewissig zu ihrer Mutter, entschuldigte sich tausendfach.

Denn wenn sie den Stein nicht ins Rollen gebracht hätte, würde es dieses Treffen mit Werners Ex jetzt schließlich nicht geben.

»Emma, hör endlich auf, dich immer für etwas zu entschuldigen, für was du im Grunde nichts kannst«, besänftigte Mom sie traurig. »Wenn sich Werner wieder für seine Ex entscheidet, war er nicht der Richtige für mich. Punkt.«

Emma dachte nach und gab ihr Recht. Es hätte schon viel früher passieren können, dass Werner und seine Ex-Frau sich wieder sahen. Es hätte vor allem viel früher passieren müssen. Emma beschloss, damit aufzuhören, sich immer für alles verantwortlich zu fühlen. Dennoch musste sie etwas tun. Denn Moms Tränen nach zu urteilen, liebte sie Werner sehr und Emma konnte es nicht mit ansehen, wie ihre geliebte Mom litt.

Emma, mit Bijoux auf dem Arm, lauerte Ben auf. Sie sah immer wieder in seinen Garten hinüber, aber der schien mit Sheila wie vom Erdboden verschluckt zu sein. Und jetzt? Nur er kannte seinen Vater gut genug, um auf eine grandiose Idee zu kommen, wie sie verhindern könnten, dass seine Eltern wieder zusammenkämen.

Es dämmerte bereits, die Luft wurde etwas kühler und die Grillen hörten auf, zu zirpen. Endlich fuhr Ben in seinem bunten Surferbus mit lauter Techno-

Musik vor seinem Gartentor vor. Mom hatte die Abendschicht in der Strandbar, musste mit ihrem Chef schon einmal die Semester-Fete dort besprechen und Anton übernachtete bei Fynn. Emma war mit Bijoux also ganz alleine.

»Ben, warte bitte, ich muss dich kurz sprechen«, rief Emma über den Gartenzaun hinweg, als Ben ausstieg. Sein weißes T-Shirt klebte an seinem gut gebauten Oberkörper. Er würdigte sie keines Blickes, pfiff Sheila zu sich, denn der Hund wollte zu Emma und Bijoux. Sheila gehorchte, auch wenn sie jetzt offenbar lieber mit Bijoux gespielt hätte und er mit ihr. Emma musste den Kater festhalten, wandte sich erneut an Ben. Ihr Herz klopfte. Wie sauer und verletzt musste er sein, dass er sie so links liegen ließ? »Ben, bitte. Es tut mir leid. Ich brauche deine Hilfe. Auch in deinem Interesse. Glaube ich zumindest.«

Ben hielt inne, drehte langsam den Kopf zu ihr, sah sie mit seinen blauen, traurigen Augen an. »Was?«, wollte er grummelig wissen.

Emma ahnte, sie hatte jetzt nur diese eine Chance, dass er ihr zuhören würde.

»Deine Mutter trifft sich gerade mit deinem Vater«, brach es aus ihr heraus. »Ich bin mir sicher, dass sie sich einfach nicht traut, dich zu sehen. Dass sie deshalb diese Umwege geht. Aber, dass sie dich sehen will.«

»Woher willst du denn wissen, was sie denkt?«, fauchte er sie an.

Emma schluckte. Er hatte ja Recht. »Jedenfalls läuft es zwischen Werner und Mary gerade ziemlich schlecht. Weil ich ... egal. Du weißt ja warum. Und meine Mom ist todtraurig und hat furchtbare Angst, dass die beiden wieder zusammen kommen könnten. Sie liebt deinen Pa so sehr. Er ist ihre große Liebe. Hast du schon mal so richtig, richtig geliebt?« Was redete sie da für einen Unsinn? Wie konnte sie Ben nur gerade jetzt fragen, ob er schon mal richtig geliebt hatte? Emma würde am liebsten im Erdboden versinken. Ben sah sie intensiv, aber undurchschaubar an. Seine Nasenflügel vibrierten, seine Augen funkelten. Er sagte nichts, sah sie nur an, schüttelte schließlich den Kopf und wandte sich ab.

Emma schloss resigniert die Augen.

»Was geht mich das an?«, hörte sie ihn noch sagen. »Sollen sie doch machen, was sie wollen.«

Und mit diesen harschen Worten ließ er sie stehen, befahl Sheila, ihm in die Hütte zu folgen.

Emma, immer noch mit Bijoux im Arm, blieb bedröppelt stehen. Ihr Herz zog sich zusammen. Sie spürte immer mehr, wie wichtig ihr dieser sensible Mensch geworden war. Wie sehr ihr Bauch kribbelte, wenn sie ihn sah oder auch nur an ihn dachte. Doch was hatte das alles für einen Sinn, wo sie doch alles zerstört hatte. Selbst wenn er irgendetwas für sie empfunden haben sollte, was sie nicht ernsthaft glaubte, so hatte sie selbst nun jegliche Gefühle im Keim erstickt. Diesen Vertrauensverlust konnte sie nie wieder gut machen, bei diesem Mann, der bereits so viel Leid erfahren musste.

Emma musste es allein angehen. Werner klarmachen, dass Mary die Richtige für ihn war und nicht Sunny, die ihn mit Ben damals im Stich gelassen hatte. Warum auch immer. Und sie musste wissen, wie das Treffen mit Sunny lief. Für Ben, für Mom.

Emma beschloss, die Höhle des Löwen zu betreten und mit Werner zu sprechen. Das, was schon längst überfällig war, nachdem sie anfangs so lästig und unfreundlich zu ihm gewesen war. Anton hatte ihr die letzten Tage viel von Werner erzählt, wie toll er mit ihm gespielt hatte. Wie er einem Bettler Geld gab, dass er viel Quatsch machte und man prima mit ihm lachen konnte.

Kleinlaut ging Emma zu Werners Haus, in der Hoffnung, dass er bereits wieder da sei. Zögerlich drückte sie auf den Klingelknopf. Es tat sich nichts. Kein Licht brannte und so ahnte sie, dass er immer noch mit Sunny irgendwo zusammensaß. Da hörte sie ein Geräusch aus dem Inneren des Hauses. Der Türsummer ging und Emma betrat, nun etwas ängstlich, die Diele. Sie wusste genau, er würde ihr selbstverständlich nichts tun. Doch allein in einem fremden Haus, mit einem ihr noch recht fremden Mann, fühlte sich immer noch nicht so leicht an. Aber immerhin wagte sie es und das freute sie innerlich sehr. Noch vor ein paar Tagen hätte sie das niemals getan, hätte sich verkrochen in ihrem kleinen Schneckenhaus. Es fühlte sich gut an, wieder hinauszugehen, in die Welt. Zumal sie ja auch eine Mission hatte.

»Emma, schön, dich zu sehen«, hörte sie Werners freundliche Stimme. Er wirkte ein wenig durcheinander, sein Gesicht sah etwas zerknautscht aus. Er trug legere Kleidung.

»Hallo Werner. Ich hoffe, ich störe nicht?«

»Nein überhaupt nicht, komm rein. Was kann ich für dich tun?«

Emma folgte ihm ins Wohnzimmer und erst jetzt registrierte sie, dass alles geschmackvoll eingerichtet war. Geschmackvoll für einen Ende 40-jährigen.

»Setz dich. Magst du etwas trinken? Oder Kekse?«

»Nein, danke.« Sie setzte sich.

»Also, was gibt es?«, wollte er wissen, lächelte sie nett an.

»Es, ist so, dass ich ...« Am liebsten hätte sie jetzt gesagt: dass ich fragen wollte, wie es mit Sunny lief. Stattdessen sagte sie: »dass ich mich entschuldigen wollte.«

Verblüfft sah er auf. »Für was?«

»Dafür, dass ich bisher zu dir so muffelig war.«

»Ach das, kein Problem. Dafür habe ich Verständnis. Schließlich musstest du plötzlich Mary mit mir teilen.« Traurig sah er vor sich hin. Emma registrierte diesen Blick.

»Wieso musste? Jetzt etwa nicht mehr?«, fragte sie leise nach. Hatte er schon so gut wie Schluss gemacht? Zumindest innerlich? Hatte Sunny ihm wieder den Kopf verdreht?

»Was? Ach, das habe ich nur so dahin gesagt. Es ist nicht so einfach, in unserem Alter, zwei aufregende Leben zusammenzuschmeißen.«

»Es ist nie einfach. Auch mit Anfang zwanzig nicht«, versuchte sie, es ihm auszureden. »Aber wenn man sich liebt, dann wird das schon.«

Hoffnungsvoll sah sie ihn an.

Doch er schüttelte den Kopf. »Liebe allein reicht oft nicht.«

Oh nein, durchfuhr es Emma. »Liebe allein reicht«, widersprach sie heftig und dachte an Ben. Und mit einem Mal wurde ihr klar, dass sie ihn liebte, unendlich, dass es aber auch bei ihr vermutlich nicht reichen würde. Aber ihre Mom, ihre Mom sollte wenigstens glücklich werden. Und Werner schien nicht ganz so verstockt zu sein wie Ben. Und wenn es mit Sunny wundervoll gewesen wäre, säße er doch jetzt nicht hier?

»Ich wollte nur sagen, Mom liebt dich. Du liebst sie. Anton ist ganz begeistert von dir und ich mag dich inzwischen auch.«

Werner lächelte sie überwältigt, aber immer noch traurig an. »Das ist lieb, dass du mir das sagst. Aber Mary zweifelt an uns. Und wenn eine Frau das tut ... muss ich glaube ich mein Herz schützen. Vielleicht hat sie ja auch recht.«

Am liebsten würde Emma jetzt sagen, nein, und sie zweifelt ja auch gar nicht mehr, aber sie spürte, dass es nun reichte. Sie musste geschickter vorgehen, um die beiden wieder anzunähern. Sie fragte ihn noch nach einem Locher für eine Unimappe. Etwas Dümmeres als Ausrede für ihr Kommen, fiel ihr nicht ein. Dann verabschiedete sie sich und ging.

In Bens Hütte brannte ein kleines Licht.

Als Mom am späten Abend aufgedreht von der Arbeit an der Strandbar wieder zur Hütte kam, saß Emma mit angezogenen Knien auf den Treppenstufen der Terrasse. Den Garten von Ben behielt sie im Auge. Bijoux streifte an den Himbeeren herum und jagte spielerisch eine Maus.

»Emmchen, was sitzt du denn da noch herum?«

»Ach nur so«, erwiderte Emma, ihre Augen wanderten immer wieder zu ihm. Dem Grund ihres

Daseins.

Mom hatte das offenbar gesehen, setzte sich lieb zu ihr, legte ihren Arm um sie. »Wir haben wohl momentan einfach kein Glück mit den Männern, was? Aber das wird sich ändern, Emma, ganz bestimmt. Irgendwann«

»Das sagst du mir schon seit Jahren«, seufzte sie. Sie wollte es ihrer Mom nicht sagen, dass sie den Richtigen, nach dem sie so lange gesucht hatte, endlich getroffen hatte. Dass es aber nichts brachte, wenn der Richtige das nicht auch so sah.

»Was ziehst du denn eigentlich zur Uni-Fete an?«, lenkte Mom jetzt lieb ab. »Du könntest dir das hübsche, blaue Kleid kaufen, das du in Mitte gesehen hast. Ich gebe dir etwas dazu, ich habe heute viel Trinkgeld bekommen.« Sie hatte ihrer Mutter davon erzählt.

»Das ist lieb. Aber wozu denn? Es geht ja eh keiner mit mir hin.« Caro würde an dem Wochenende nicht da sein und Ben würde ganz sicher nicht mit Emma dort auftauchen wollen. Zu den anderen hatte sie noch keinen richtigen Draht gefunden. Das Semester würde ohne sie zu Ende gehen. Nach Feiern war ihr sowieso nicht zumute.

Mom streichelte ihr nachdenklich über die Wange. »Frag Ben doch einfach. Vielleicht geht er ja doch mit dir hin? Weißt du, er sieht dich immer so an. So wie du ihn.«

»Nein!«, entfuhr es Emma etwas hart. »Das bildest du dir ein. Wirklich. Ich werde ihn ganz sicher nicht fragen. Ich gehe jetzt schlafen.« Sie stand auf, entschuldigte sich noch kurz bei ihrer Ma für ihre Reaktion, betrat die Hütte und legte sich ins Bett. Wieso nur musste sie sich ausgerechnet in diesen Kerl verlieben? Caro hatte sie vor ihm gewarnt, dass er seine Gefühle tief verschlossen hielt. Wen wunderte es.

***

Am nächsten Tag in der Uni sah Caro ihr sofort an, dass etwas nicht stimmte. Und zu Emmas Leidwesen, sagte sie es ihr auf den Kopf zu. »Oh Scheiße, du hast dich wirklich in Ben verliebt.« Es hatte keinen Sinn mehr zu leugnen, dennoch widersprach Emma heftig. Caro lächelte sie mitfühlend an. »Weißt du was? Das haben schon einige hier. Aber noch keine hat er so angesehen wie dich.«
Emma sah verwundert auf. »Das hat meine Mom gestern auch gesagt.«
»Weil es stimmt. Im Moment ist er allerdings superschlecht drauf und wünscht dich wahrscheinlich sonst wo hin. Was hast du mit ihm gemacht?«

Emma zögerte. Sie durfte Caro nicht einweihen, dass es um Bens Mutter ging. Denn keiner aus der Clique wusste davon. Sie würde Bens Vertrauen erneut missbrauchen, das durfte sie auf keinen Fall.
»Das darf ich dir nicht erzählen, das habe ich Ben versprochen, es ist jedenfalls sehr kompliziert.«
»Verstehe. Wenn du es ihm versprochen hast, dann sag es mir nicht.« Caro lächelte. »Gut zu wissen, dass du so verschwiegen bist. Das sind nicht viele hier. Wenn du zu Kim sagst: das ist supergeheim, erzähl es ja keinem weiter, dann kannst du Gift drauf nehmen, dass es bald die halbe Uni weiß. Ich mach das manchmal so, wenn ich will, dass irgendwas alle wissen.«
Die beiden lachten. Obwohl Emma eigentlich überhaupt nicht danach zumute war.
»Aber in einem kannst du mir vielleicht helfen«, sagte Emma dann zögerlich. Ich muss verhindern, dass meine Ma und ihr neuer Freund sich trennen. Also ich meine, sie lieben sich. Aber meine Ma hat an ihm gezweifelt und ich bin daran schuld. Auch wenn sie sagt, dass ich es nicht bin. Ihr neuer Freund hat das gespürt und macht jetzt einen Rückzieher. Verstehst du?«
»Oh ja. Typisch Mann«, befand Caro. »Anstatt zu kämpfen.« Sie dachte nach.
»Ich muss sie wieder zusammenkriegen. Wie geht das denn immer in romantischen Filmen?«

Plötzlich leuchteten Emmas Augen, während sie das sagte. Sie lächelte, denn sie hatte eine Idee.

12. Kapitel

»Emma, du hast eindeutig zu viele Liebesfilme geguckt«, lächelte Caro. Der Fernsehturm am Alexanderplatz ragte riesig vor Emma und Caro auf. Emma lächelte hoffend. Emma und Caro hatten festgestellt, dass sie beide Liebesschnulzen über alles liebten. Dass sie beide die alten Filme mit Meg Ryan hoch und runter kannten. Besonders »Schlaflos in Seattle«. Emmas Herz hüpfte. Hatte sie hier womöglich eine Seelenverwandte gefunden? Sie hatte noch nicht die Zeit gefunden, mehr von Berlin zu entdecken, von dieser großen, spannenden Stadt. Darum dankte sie Caro für ihre Tipps für ein romantisches Date für Emmas Mutter und deren neuen Freund. Auch wenn der Fernsehturm jetzt nicht gerade zu den Insider-Tipps schlechthin gehörte. Mom wollte aber schon lange mal auf diesen Turm, das Wahrzeichen Berlins, zumindest für sie. Bisher kamen sie noch nicht dazu, vor lauter Umzug, Arbeit, Uni und Ben. Ben? Hatte sie das jetzt wirklich gedacht? Vermutlich, weil sie die ganze Zeit an ihn dachte, immer wieder. Sie vermisste ihn, jede Sekunde, sehnte sich nach ihm, aber sie wusste, es hatte keinen Sinn. Er war sauer auf sie, empfand nichts für sie, zumindest nicht genug, so wie Werner für seine Mary. Emma könnte Ben auf den größten Turm der Welt zerren, es käme niemals zu einem Versöhnungskuss. Niemals. Umso mehr hoffte sie für Mom.

Zuerst sollte es mit einer Rikscha durch Berlin gehen. Der Fahrer war von Caro instruiert worden, Werner und Mary ein paar wirklich romantische Geheimtipps der Stadt zu zeigen. Die Seele der Stadt. Dann sollte sie der Fahrer in ein romantisches Lokal in Kreuzberg führen und schließlich endete die Fahrt hier. Beziehungsweise dort oben, auf 150 Metern Höhe. Bei einem Cocktail auf dem Fernsehturm, wo es dann hoffentlich zu einem Kuss und Happy End kommen würde. Filmreif versteht sich. Dass Caro ihr beistand, gab Emma ein gutes, warmes Gefühl. Endlich hatte sie eine liebe Freundin gefunden, eine, mit der sie durch dick und dünn gehen konnte. Leider durfte sie ihr nicht alles sagen. Weder, dass es sich bei dem neuen Freund ihrer Mutter um Werner, Bens Vater, handelte, noch über Bens Vergangenheit, seine Mutter. Caro kannte Werner nicht persönlich, so viel hatte Emma herausgehört. Aber selbst wenn sie ihn erkannte. Sie würde es doch eh bald wissen, wenn die beiden zusammenkämen.

Emma hatte Werner und ihrer Mom je eine SMS geschickt, dass sie sich heute Abend Zeit nehmen sollten, es würde eine Überraschung geben. Beide hatten etwas verwundert geantwortet, dass es in Ordnung gehe. Werner hatte sogar einem wichtigen Mandanten abgesagt. Anton würde erneut bei Fynn schlafen, dessen Mutter hatte damit kein Problem. Im Gegenteil, da Fynn Einzelkind war, freute sie sich jedes Mal über Anton als Gast.

Emma blickte angespannt erneut den Fernsehturm empor. Hoffentlich würde alles gut gehen und Werner würde auf dieser romantischen Tour durch Berlin erkennen, was er an seiner Mary hatte. Dass diese quirlige, fröhliche Frau genau das war, was er brauchte, um ihn aus seiner langjährigen Starre zu lösen.

In Filmen funktionierten solche Dates. Aber im echten Leben? Emma konnte jetzt nur noch dem Schicksal seinen Lauf lassen, abwarten und Tee trinken. Oder besser etwas Alkohol? Viel Alkohol. So nervös wie Emma sich fühlte. Bis die Rikscha hier ankommen würde, dauerte es noch etwas.

»Komm, wir gehen noch einen Hugo trinken«, schlug Caro im selben Moment vor. Konnte sie Gedanken lesen?

»Das ist ja witzig, das wollte ich auch gerade vorschlagen.«

Die Freundinnen lächelten sich an. »Ich kenne eine coole Bar in der Nähe.«

Wie schön, dass Caro sich so gut auskannte. Emma folgte ihr. Während die beiden einen Hugo nach

dem anderen schlürften und immer mehr Gemeinsamkeiten feststellten, schielte Emma immer wieder auf ihr Handy. Dachte sie etwa ernsthaft, Ben würde sich bei ihr melden? So sauer er auf sie war? Die verrückte Hoffnung blieb. Ihre Augen wanderten immer wieder zum Display.
»Hey, Ben ist so, das hat wirklich nichts mit dir zu tun«, sagte Caro warm.
Emma nickte traurig. Sie konnte Caro nicht erklären, warum sich Ben so von ihr abgewandt hatte, sie durfte den Grund nicht verraten, das hatte sie ihm versprochen. Wie schade, dass sie ihrer neuen Freundin nicht ihr Herz ausschütten durfte. Aber das Versprechen Ben gegenüber ging vor. Sie riss sich zusammen. »Ich weiß. Es hat nichts mit mir zu tun.«
Ein Blick auf die Uhr. »Oh, gleich müssten die beiden am Fernsehturm ankommen.« Emma wurde immer nervöser. »Ihre eigene Zukunft hing davon ab, ob Mom mit Werner zusammenbliebe. Wenn nicht, würde sie Ben vermutlich nie wieder sehen.
Caro versuchte Emma abzulenken, begann sie erneut zu überreden, sich das traumhafte, blaue Kleid für die Uni-Fete zu kaufen und einfach ohne Ben hinzugehen. Sie musste leider zum 80. Geburtstag ihrer Oma an dem Wochenende, aber Emma durfte sich diese Fete an der Strandbar nicht

entgehen lassen. Diese Feiern seien legendär und ein großer Spaß. Emma versprach, es sich noch einmal zu überlegen.

Sie blickte wieder nervös auf die Uhr. Verdammt. Wie konnte das sein? War der Uhrzeiger gerast? In ein paar Minuten müssten Mom und Werner auf dem Fernsehturm sein. »Komm, schnell.« Emma wollte Mäuschen spielen. Rasch zahlten Caro und Emma und spurteten los.

Die vielen Touristen, die immer vorm Fernsehturm herumstanden, versperrten ihnen den Weg. Der Zeiger von Emmas Armbanduhr rückte unaufhaltsam vor.

In allerletzter Minute kamen die beiden oben mit dem Aufzug an, sahen sich möglichst unauffällig um. Hoffentlich entdeckt mich Mom nicht, betete Emma insgeheim, sonst könnte ihr Plan schief laufen. Da entdeckte sie die beiden an einem Fernrohr, wie sie sich verliebt und lächelnd in die Augen sahen. Die Welt um sie schien still zu stehen, all die Touristen existierten für sie nicht. Emma fiel ein Stein vom Herzen. Doch was sie nicht gedacht hätte: Caro erkannte Werner doch: »Ist das nicht ... der Vater von Ben?!«

Arrgh. »Ich denke, du kennst ihn nicht persönlich?«

»Persönlich wurde er mir noch nie vorgestellt. Ich hab ihn aber schon ab und zu mit Ben gesehen.«

Emma seufzte. »Ben hat gesagt, ich soll es keinem sagen. Dass meine Mutter mit seinem Vater ...«
»Verstehe.« Caro grinste. »Au weia. Dann werdet ihr ja jetzt Stiefgeschwister.«
»Ich fürchte auch«, lächelte Emma traurig, während sie ihre glückliche Mom so ansah. Stiefgeschwister, mehr nicht. Ihr Herz krampfte sich zusammen. Sie sehnte sich nach seinem Duft. Sie würden niemals ein Paar werden. Aber immerhin wäre sie von jetzt ab immer in seiner Nähe, oder zumindest hoffentlich oft. Liebe bedeutete schließlich nicht, jemanden nur zu lieben, wenn er einen auch liebte. Liebe sollte bedingungslos sein und genau das fühlte Emma im Moment. Auch wenn sie natürlich todtraurig darüber war, dass ihr das Glück, die Liebe ihres Lebens zu leben, niemals vergönnt sein würde.
Mom und Werner wollten sich offenbar gerade küssen als, Emma traute ihren Augen nicht, Sunny plötzlich auftauchte, auf Werner zustürzte und ihn freudig begrüßte.
Das durfte doch wohl nicht wahr sein! Was machte Sunny denn hier? Emma und Caro beobachteten mitleidig, wie Mom sich sofort von Werner zurückzog und dieser seine Ex überrumpelt aber lächelnd begrüßte. Ob freudig oder nicht, konnte Emma nicht identifizieren, in ihrem Bauch rumorte es. Bitte nicht, wieso fiel ihr das Schicksal immer

wieder in den Rücken?
Sunny redete lächelnd auf Werner ein, den Wortfetzen nach zu urteilen, die Emma aufschnappen konnte, hatte sie von Ben erfahren, dass Werner hier sei. Wie bitte? Von Ben? Emma hatte ihm ihren Plan gesimst, in der Hoffnung, dass er ihn wenigstens gut finden würde. Sie wollte nichts mehr hinter seinem Rücken tun und er hatte auch ein schlichtes »Mach doch«, geantwortet. Wieso hatte er jetzt seine Mutter Sunny auf die beiden angesetzt? Um Emma eins auszuwischen? Emma traute plötzlich wieder allen alles zu, berichtete Caro verletzt, wie es zu diesem Intermezzo kommen konnte, wer diese Frau sei. Jetzt war ihr alles egal. Wenn Ben so gemein sein konnte, musste sie sich auch nicht mehr an ihre Versprechen halten. Fassungslos hörte Caro zu. Wieso hatte Ben das nur gemacht? Wollte er, dass seine Eltern wieder zusammenkämen?
Emma sah, wie ihre Mom sich von den beiden rasch verabschiedete. Werner versuchte, sie aufzuhalten, aber Mom verschwand mit Tränen in den Augen im Aufzug, der noch von einer Touristin aufgehalten wurde. Oh nein. Wieso musste nur immer alles schief gehen, was Emma anpackte? Sie eilte ihrer Mom hinterher, doch die Aufzugstür schloss sich vor ihrer Nase.
Wutschnaubend drehte sie sich um und stapfte auf

Werner und Sunny zu. Werner blickte sie überrascht, aber traurig an. »Emma, was machst du denn hier?« Er schien zu merken, dass dies alles kein Zufall mehr sein konnte. Emma antwortete ihm darauf aber nicht, sondern machte Sunny in deutlichen Worten klar, dass sie sich besser endlich mit Ben treffen sollte, als hier zu stören. »Ben hat das wirklich nicht verdient! Egal aus welchen Gründen, Sie damals nicht zu ihrem kleinen Sohn zurückkommen konnten. Jetzt sind Sie da. Erklären Sie es Ben endlich, was damals geschah!«

Sunny starrte sie schuldbewusst und kreidebleich an. Emma kannte sich selbst nicht mehr und auch Werner schien von ihr mehr als überrascht.

Sunny entschuldigte sich vielmals. Ihre Stimme zitterte. »Du hast vollkommen Recht, Emma, aber ich ... ich habe ihn angerufen. Er wollte mich nicht sehen, hat mich hierhergeschickt. Ich hatte gehofft, er käme her. Hatte das Gefühl, Ben wünscht sich immer noch, dass wir wieder eine Familie werden.« Dabei sah sie Werner entschuldigend an. »Ich wusste nicht, dass du hier mit einer Frau bist, Werner. Wirklich nicht. Ich bin nur Ben zuliebe hergekommen, nicht wegen dir. Es war ein großer Fehler, bitte verzeiht mir.«

»Ich weiß jetzt wirklich nicht, was ich dazu sagen soll«, stotterte Werner, völlig überfordert.

»Du sollst nichts sagen, sondern was tun«, forderte

ihn Emma aufgewühlt auf. Sunny nickte. »Geh ihr hinterher, Werner, Herrgott beeil dich.«
Werner nickte nur blass und eilte zum Aufzug.
Wütend und fassungslos ließ Emma Sunny stehen, ging zu Caro zurück, die sich dezent im Hintergrund gehalten hatte. »Wie kann Ben nur so etwas tun?«, brach es schluchzend aus Emma heraus. Caro nahm ihre aufgelöste Freundin in ihre Arme und drückte sie fest.
»Ben ist für mich jetzt sowas von gestorben, dieser dämliche Idiot!« Ihre arme Mom. Ben hatte alles kaputt gemacht. Alles.

13. Kapitel

Am nächsten Morgen wachte Emma auf und ihr erster Gedanke galt Ben. Es fühlte sich an, als versetze ihr jemand einen Hieb in den Magen. Einerseits hasste sie ihn dafür, was er ihrer Mutter gestern angetan hatte, andererseits sehnte sie sich nach ihm, wie konnte das sein? Emma versuchte, ruhig zu atmen, um ihr Gefühlschaos einigermaßen in den Griff zu bekommen. Konnte sie einen Mann lieben, der sie so hinterging? Sie versuchte, sich in ihn hineinzuversetzen, schloss dafür wieder die Augen, und nach und nach konnte sie seine Beweggründe doch ein wenig nachvollziehen. Aus seiner Perspektive hatte sie ihn zuerst hintergangen, indem sie seine Mutter getroffen hatte, ohne ihm auch nur Bescheid zu geben. Sie hatte diese traumatische Geschichte mit seiner Mutter wieder aufgewühlt und offensichtlich hatte seine Mutter sich gestern bei ihm gemeldet, nicht er bei ihr. War es da nicht verständlich, dass er auch irgendwie hoffte, dass alles wieder gut werden könnte, ja dass seine Eltern vielleicht wieder zusammenkommen würden? So wie er es sich als kleiner Junge all die Jahre so sehnlich gewünscht hatte?
Emma quälte sich aus dem Bett. Ihr Kopf

schmerzte. Ein oder zwei Hugos waren eindeutig schlecht gewesen. Dem Alkohol, den sie nicht gewohnt war, verdankte sie vermutlich auch ihre kleine Szene, die sie Werner und Sunny gestern geliefert hatte. Emma schämte sich, auf der anderen Seite fühlte sie sich aber auch stolz. Noch vor kurzem hätte sie ihren Mund nicht aufgemacht, nicht gesagt, was sie dachte und fühlte. Sie hatte sich eindeutig weiterentwickelt und es fühlte sich gut an. Heute Abend würde die Semester-Fete an der Strandbar stattfinden, fiel ihr ein. Emma überlegte, vielleicht doch hinzugehen. Auch ohne Ben. Immerhin war Mom da, das reichte schließlich.

Sie musste diesen Tag an der Uni hinter sich bringen, wobei sie hoffte, Ben dort nicht zu begegnen. Ihr gemeinsames Seminar fand heute nicht statt, aber auf dem Campus oder in der Cafeteria lief man sich immer mal über den Weg. Zum einen hoffte sie es, zum anderen nicht.

Angespannt brachte Emma den Uni-Tag hinter sich, ohne Ben zu begegnen. Eine SMS von Caro, die bereits bei ihrer Oma angekommen war, piepte: »Wehe du gehst nicht zur Uni-Party. Kauf das blaue Kleid, es steht dir so gut.«

Emma musste unwillkürlich lächeln. Manche Träume konnte man sich erfüllen, also warum sollte sie es nicht tun?

Gerade schon wollte sie sich aufmachen, nach Mitte, um das blaue Kleid zu kaufen. Mom hatte ja gesagt, sie wolle etwas dazu beisteuern.

Doch gerade, als sie die Unterführung in der Nähe des Instituts betrat, die ziemlich duster und verlassen wirkte, kam ihr von der anderen Richtung her Marco entgegen. Der Totenkopf-Typ. Höhnisch grinste er sie an. Auch diesmal trug er ein gruseliges T-Shirt. Er registrierte offenbar sofort, dass sich hier gerade keine Menschenseele befand. Emmas Herz klopft wie wild, Panik machte sich in ihr breit. Was wollte er von ihr? Wieso ließ er sie nicht einfach in Ruhe? Sofort war sie wieder da, die Erinnerung an damals, die Angst, die lähmte.

»Na, heute schon was vor, Püppi?«

»Ich bin kein Püppi.« Ihre vibrierende Stimme verriet sie. Ihre Furcht, ihr Entsetzen. Eine unsichtbare Hand schnürte ihr die Kehle zu. Ihr Mund fühlte sich trocken an. Sie wollte kein Opfer mehr sein, es durfte nicht wieder passieren. Sie redete sich in Gedanken ein, dass sie stark sei, dass sie einen Willen habe, Macht über ihren Körper. Dabei nestelte sie heimlich ihr Handy empor, ohne dass Marco es in der dämmrigen Unterführung bemerkte. Ein Glück waren ein paar Lampen kaputt, tauchten alles in ein tristes Licht. Emmas Finger zitterten. Sie hatte Ben in ihrem Adressregister ganz zu Anfang in ihrem Handy

eingespeichert. Zum Glück, denn so konnte sie blind auf Anrufen drücken. Sie hoffte inständig, dass er nicht in den Hörer rufen würde, so dass es Marco hörte. Sobald sie ahnte, dass er abgenommen haben würde - bitte lieber Gott, lass ihn abnehmen - sprach sie extra laut auf Marco ein. Dass er doch wohl nicht glaube, dass sie Angst vor ihm habe, hier in dieser Unterführung, so nah am Institut. Wo jede Sekunde ihre Kommilitonen kommen könnten.
Ein Glück schien sich Marco nicht zu wundern, warum sie diese Ortsangabe so laut mit zittriger Stimme machte. Viel zu angetan schien er von ihr und ihrer Angst. Viel zu wenig Angst hatte er leider. Emma versuchte, ihn tapfer mit sinnlosem Geplapper hinzuhalten. Sie hoffte insgeheim, dass Ben sie hörte, dass er kapierte, was hier vor sich ging, dass er am Institut ganz in der Nähe sei. Denn sonst, so wusste sie, hätte sie verloren, könnte es nochmal passieren. Wenn sie sich Marcos Muskeln so ansah. Er war eindeutig stärker als sie, der ganze Kerl sah durchtrainiert aus. Emma schnalzte mit der Zunge, doch es half nicht viel, ihre Angst lähmte sie. Erst nach ein paar Sekunden, kamen ihr die Worte der Psychologin, die sie nach diesem schrecklichen Ereignis damals aufgesucht hatte, in den Sinn. »Sie sind kein Opfer. Machen Sie sich das immer klar. Jeder Mensch besitzt ungeahnte

Kräfte.« Doch sie spürte sie nicht, ihre Kräfte. Emma spürte nur Verzweiflung, Panik und Wut. Die Tricks des Selbstverteidigungskurses, schossen ihr durch den Kopf. Sie hatte danach einen besucht. Doch immer noch fühlten sich ihre Beine und Arme gelähmt an. Wie konnte man da wegrennen oder dem Angreifer in die Eier treten? Reden. Man sollte auf den Angreifer einreden. So plapperte sie auf Marco ein, auch um Zeit zu schinden, Zeit für Ben. Falls er ihren Hilferuf überhaupt hörte. Marco schien angetan von ihren Versprechungen, vielleicht doch bald mal mit ihm eins trinken zu gehen, von ihren Erzählungen über die Uni, von all dem. Emma schnalzte dabei immer wieder mit der Zunge, um sie loszuwerden, ihre Lähmung. Ben kam nicht und Emma wurde sich nach schier endlosen Minuten gewahr, dass sie alleine mit dieser Situation zurechtkommen musste. Dass sie ihrem Körper befehlen musste, etwas zu tun. Nicht nur reden. Dass sie kein Opfer sein würde, nie wieder. Sondern dass sie einen starken Willen hatte, wie jeder Mensch. Und plötzlich, nachdem sie sich das wie ein Mantra mehrere Male insgeheim eingeflüstert hatte, schien diese seltsame Starre von ihr abzufallen wie ein zu enges Korsett. Marco kam gerade anzüglich grinsend noch einen Schritt auf sie zu, streckte seine Hand aus, im Begriff, sie anzufassen. Da fuhr sie mit einem Mal ihre Krallen aus, wie ihr Kater, wenn er eine Maus entdeckt hatte, und kratzte ihm ins Gesicht. Marco schrie auf, dass sie ja wohl vollkommen spinne, torkelte zurück.

Emmas Atem ging stoßweise, verblüfft über sich selbst sah sie ihren Peiniger an, der den Rückzug antrat. Sie fühlte sich unendlich stolz. Erleichtert. Geheilt. Auch wenn sie immer noch am ganzen Körper zitterte.

Da endlich hörte sie Schritte von der anderen Seite der Unterführung, aus der sie selbst gekommen war. Jemand rannte die Stufen herunter und sie hörte Bens Stimme in ihrem Rücken, wie er wütend und aufgebracht aufjaulte, als habe man ihm selbst wehgetan. Er sah Marco, dessen zerkratztes Gesicht, erkannte die Situation.

»Du Schwein!«, rief er. »Du mieses Schwein!«

Sofort drehte sich Marco um, nahm die Beine in die Hand und rannte wie ein Hase die Treppen auf der anderen Seite hoch. Ben wollte ihm sofort hinterherrennen, doch Emma hielt ihn auf, bat ihn, immer noch zitternd, bei ihr zu bleiben. Ben hielt inne, sah sie an, nahm sie wortlos in seine Arme und hielt sie ganz fest. Er war gekommen, er wollte sie retten, sein muskulöser, breiter Oberkörper fühlte sich so gut an. Endlich. Sein Duft.

***

Verdammt. Was machte diese Frau mit ihm? Sie fühlte sich zerbrechlich an, so zart. Er hatte ihre Stimme am Handy gehört und sofort gewusst, dass sie sich in größter Not befand. Zum Glück hatte er gerade einen Termin in der Nähe, bei seinem Prof, den sein Vater vom Tennisverein kannte. Ohne zu überlegen war er losgerannt, ohne eine Erklärung, mit einem dröhnenden Pochen in der Brust. Ben hatte gespürt, dass sich Emma in einer Situation befand, die der traumatischen von damals, über die sie nicht reden konnte, glich. Dass Marco, der großmäulige Marco, das Fabrikantensöhnchen, ihr wirklich etwas antat, bezweifelte er zwar. Wissen jedoch konnte man es nicht. Dass sie sich selbst aus dieser Situation befreit hatte, freute ihn sehr. Vielleicht konnte sie so ein wenig das damals erlebte überwinden, verarbeiten, was auch immer. Ben wusste, wie schwer es war, Vergangenes abzuhaken, wirklich darüber zu stehen. Das Treffen mit seiner Mom heute Morgen hatte ihm gut getan, besser als gedacht. Und zu verdanken hatte er es Emma. Dass es zustande kam, dass es stattfand. Dass sich seine Mutter getraut hatte, den Mut aufgebracht.

»Wieder besser?« Er löste sich von ihr, denn sie standen jetzt schon viel zu lange Arm in Arm da.

Am liebsten hätte er sie nicht mehr losgelassen, aber was sollte sie nur von ihm denken. Emma sah zu ihm auf, ihre Augen leuchteten. »Ja, danke, danke, dass du gekommen bist.«
Er lächelte. »Du hast es selber geschafft. Ist dir das klar?«
Sie nickte lächelnd und ihre Blicke verharkten sich ineinander.
Es schien ihm, als könne er in ihre Seele blicken und das verunsicherte ihn. Noch keine Frau hatte das mit ihm gemacht. Noch keine. Keine Einzige. Doch. Seine Mutter. Heute früh.
»Ich habe vorhin meine Mutter getroffen«, sagte er leise. Erstaunt blickte Emma ihn an. »Getroffen? Wirklich?« Dann wurde ihr Gesichtsausdruck ernster. »Wieso hast du Sunny das Date meiner Mom mit Werner verraten?« Ihre Stimme klang vorwurfsvoll. Zu Recht. Er kam sich vor wie ein Idiot. Was für eine kindische Aktion von ihm. Nur weil er sich als kleiner Junge immer gewünscht hatte, dass seine Eltern wieder zusammenkommen, hatte er das getan. Dabei wusste er doch inzwischen, dass es Schwachsinn war, dass es nicht klappen konnte und Mary viel besser zu seinem Pa passte. Wie konnte er das nur wieder gut machen?
»Es tut mir leid«, brachte er leise hervor.
Emma brauste auf. »Wie, es tut dir leid, mehr hast du dazu nicht zu sagen? Meine Mom ist

kreuzunglücklich und du sagst einfach, es tut dir leid?«

»Ich denke, da ist der kleine Junge von damals in mir hochgekommen. Wie das Mädchen gerade in dir, als Marco dich bedroht hat.«

Emma blickte ihn erstaunt an. Er hatte wohl den Nagel auf den Kopf getroffen.

»Ich denke wir sind quitt, okay? Du hättest meine Ma nicht alleine vor mir treffen sollen und ich nicht dieses romantische Date auf dem Fernsehturm torpedieren. Werner steht auf deine Mom, das sieht ein Blinder. Da könnte sich Sunny nackt ausziehen und vor ihm herumtanzen.«

Emma lachte amüsiert auf. Wie hübsch sie aussah, wenn sie lächelte, wunderhübsch. Wieder konnte er seinen Blick nicht von ihren Augen abwenden, die so tiefgründig aussahen, so schön. Diese Frau machte ihn verrückt, ließ seinen Puls rasen.

»Was hat Sunny erzählt?«, wollte Emma vorsichtig wissen. Ihr Geheimnis schien sie genauso wenig loszulassen wie ihn.

»Lass uns hochgehen, in irgendein Café«, schlug Emma vor. Erst jetzt wurde Ben bewusst, dass sie immer noch in dieser düsteren Unterführung standen.

Sie fanden ein nettes Straßencafé, bestellten sich beide einen Cappuccino. Ben wusste nicht wie anfangen, erzählte zunächst stockend, wie das

Treffen mit seiner Mutter nach all den Jahren verlief. Er kam schnell auf den Punkt, wollte nicht zu sehr ins Detail, war kein Mann vieler Worte. Außerdem wühlte es ihn immer noch zu sehr auf.
»Meine Ma hat erzählt, dass sie hochschwanger mit mir war, als die Wende kam. Dass ich mir das sicher nicht vorstellen kann, diese Zeit.« Er hielt inne, dachte an all die Dokumentationen darüber, die er gesehen hatte, über den Fall der Mauer. Aber das Gefühl, plötzlich frei zu sein, das konnte er nicht nachempfinden.
»Es muss schrecklich gewesen sein, eingesperrt zu sein. Für den einen mehr, für den anderen weniger. Für meine Mutter, die damals nur Friseurin lernen durfte, nicht Schauspiel studieren, war es Horror. Die Schauspielerei war ihr großer Traum. Und dann nach der Wende, schien plötzlich so vieles möglich, war sie endlich frei. Wegen ihres Babys aber auch nicht. Sieben Jahre hat sie durchgehalten, ist für mich bei Werner geblieben. Auch wenn ihre Beziehung immer schlechter lief. Es war wohl von Anfang an keine große Liebe. Eher ein Ausrutscher.« Ben atmete durch. Emma blickte ihn traurig an, nahm seine Hand in die ihre und drückte sie sanft. Der Kellner brachte den Cappuccino.
Ben fuhr aufgewühlt fort. »Naja, und dadurch fühlte sie sich eben doch wieder wie im Gefängnis.

Werner hatte daran keine Schuld. Er war gut zu ihr und auch zu mir. Weil sie das gesehen hat, dass er mich so sehr liebte, bat sie ihn, ein paar Monate nach Amerika gehen zu dürfen. Ein früherer Kollege hatte ihr dort eine Stelle an einem größeren Theater angeboten. Eine einmalige Chance. Und dann ... war wohl doch nicht alles so glorreich, wie sie es sich vorgestellt hatte. Sie hatte extremes Lampenfieber, konnte nur auftreten mit vielen Beruhigungstabletten. Sie wurde süchtig. Nach den Auftritten auf der Bühne, aber auch nach den Tabletten. Durch diese Sucht fühlte sie sich nicht mehr in der Lage, ein Kind zu betreuen. Auch wenn sie mich so sehr vermisst hat, so sehr geliebt, wie sie sagte.«

»Das hat sie bestimmt«, flüsterte Emma ergriffen, hielt weiter seine Hand in der ihren.

»Tja, Werner hat das wohl alles nicht verstanden, hat sie angefleht, zurückzukommen, wegen mir. Er hat alle Hebel in Bewegung gesetzt. Aber Sunny konnte nicht mehr, musste in eine Entzugsklinik, schämte sich so sehr. Und je länger sie fort war, desto mehr schämte sie sich, als Mutter komplett versagt zu haben, wagte es nicht mehr, sich zu melden.« Er verstummte nachdenklich, merkte innerlich, dass er es irgendwie nachvollziehen konnte, dieses Gefühl von ihr. Dass er sie jetzt besser verstand. Sie hatte ihn geliebt, aber Liebe

allein reichte eben nicht immer. »Jetzt kennst du die Geschichte.« Er nahm rasch einen letzten Schluck Cappuccino. Emma sah ihn mitleidig an.
»Und wie geht es dir jetzt damit, jetzt, wo du es weißt?«
»Ehrlich gesagt, besser.«
Sie nickte erleichtert, zog ihre Hand wieder verlegen zurück. Er hätte sie gerne weiter gespürt, ihre zarte, warme Hand. »Sollen wir zahlen?«, fragte er nach.
»Okay.«
Er zahlte. Dabei spürte er, dass sie ihn die ganze Zeit immer wieder von der Seite ansah. Ob sie wohl heute Abend zur Semester-Fete zur Strandbar kommen würde? Er wagte es nicht, sie zu fragen. Nicht, nach dem, was alles passiert war. So mutig, wie sie zu sein schien, könnte ja auch sie ihn fragen. Wenn sie es wollte. Aber offenbar wollte sie nicht. Er wurde aus diesem Mädchen einfach nicht schlau.
»Ich hab gleich noch ein Pflichtseminar. Aber wenn du wartest, bring ich dich danach nach Hause.«
»Nein, lass nur. Ich schaff das alleine.« Sie lächelte ihn tapfer an.
»Okay, wenn du meinst.«
»Meine ich.«

***

Als Emma alleine in ihre Gartenhütte zurückkam, in Gedanken immer noch bei Ben, sah sie Mom, Arm in Arm mit Werner auf der Terrasse. Emma freute sich unbändig. Was für ein schönes Paar. Und sie und Ben? Hatte ihre Liebe jetzt wieder eine winzige Chance? Jetzt wo sie sich ausgesprochen hatten? Nein, hatte sie nicht, beantwortete sie sich diese Frage gleich selbst. Ben sah sie zwar immer so merkwürdig an, aber mehr kam von ihm schließlich nicht. Und wenn ein Typ wie Ben etwas von einer Frau wollte, dann war er bestimmt nicht zu schüchtern dafür.

Da hörte sie plötzlich Antons Stimme aus der Brombeerhecke: »Emmaaa!« Anton kam freudig auf sie zugerannt und umarmte sie stürmisch. Wie sehr hatte sie den kleinen Mann vermisst. »Wehe du übernachtest jetzt ständig bei Fynn, du hast mir gefehlt«, tadelte sie ihn spielerisch. Anton grinste. »Fynn hat aber die Drachenritterburg und du nicht.«

»Stimmt, eine Drachenritterburg habe ich nicht«, lächelte Emma. Sie dachte an all das eben erlebte, die schreckliche Situation mit Marco, und fühlte sich, als habe sie den Drachen besiegt. Die Schatten ihrer Vergangenheit wehten davon, wie dunkle Gewitterwolken, die sich am Himmel verzogen.

»Emma, danke für den wunderschönen,

romantischen Abend gestern«, wandte sich Werner an sie. »Ich wusste zwar schon, dass Mary die tollste Frau auf der Welt ist, zumindest in meiner Welt, aber es war wirklich unvergesslich.«
»Ja? Das freut mich.« Dann fügte sie noch hinzu. »Das mit Sunny war so nicht geplant.«
Werner lachte, sein sympathisches, tiefes Lachen. »Das weiß ich doch. Ich bin Mary hinterhergerannt, so schnell hast du mich noch nie rennen sehen. Und ich hab sie zum Glück von mir überzeugen können.« Er grinste sie an, drückte ihr einen dicken Kuss auf den Mund. Mom strahlte, wie Emma sie eigentlich noch nie hatte strahlen sehen. Dann löste sich Mom aus Werners Umarmung, ging rasch in die Hütte und kam mit einem eingewickelten Päckchen zurück. »Emmchen, ich hab auch eine kleine Überraschung für dich.«
Neugierig lächelnd trat Emma näher, packte das knisternde, dünne, himmelblaue Papier aus und zum Vorschein kam: ihr Traumkleid, das blaue Kleid aus dem Laden in Mitte.
»Wow! Mom!«
»Das ist es, hoffe ich, oder?«
»Ja, aber ... woher weißt du das?«
Werner grinste. »Ich habe Caro angerufen. Ben hat mir mal ihre Nummer gegeben, wegen irgendwas. Sie hat es uns beschrieben.«
Emmas Herz wurde durchströmt von einem

warmen Gefühl. Caro. Sie schien wirklich eine wahre Freundin zu sein. Wie schön, dass sie sich gefunden hatten.

»Jetzt gehst du ja hoffentlich heute Abend mit zur Strandparty, oder?«, wollte Mom wissen. »Ich gebe dir auch einen Cocktail aus.«

»Jetzt muss ich ja wohl«, lächelte Emma. Und sofort dachte sie wieder an Ben. An seine Umarmung, seine warme Hand, sie hoffte so sehr, er würde kommen. Sie wollte sich jedenfalls für ihn wunderhübsch machen.

»Ich drehe dir mit meinem Lockenstab ein paar Locken ein, was meinst du?«, fragte Mom lächelnd. »Dann siehst du aus wie eine Prinzessin.«

Emma amüsierte sich, dann wurde sie wieder nachdenklicher, ernst. Ben hatte ihr sein Geheimnis verraten, aber sie ihm ihres noch nicht. Es stand immer noch zwischen ihnen. Was, wenn er dann enttäuscht von ihr sein würde? Aber sie wollte es ihm dennoch sagen.

14. Kapitel

Emma betrachtete sich im Spiegel in Moms Schlafzimmer. Das blaue Kleid stand ihr wirklich gut. Es umschmeichelte ihre Taille, ihre dezenten Locken in ihren langen, braunen Haaren sahen hübsch aus. Nur die passenden Schuhe fehlten jetzt noch. Emma probierte ein paar durch, aber sie hatte einfach nicht die passenden Schuhe. Sie, die sich bisher nicht viel aus Mode gemacht hatte. Das sollte sich jetzt ein klein wenig ändern. Da kam Mom herein, mit einem ihrer Sandalen. Silbern mit etwas höherem Absatz. »Wie findest du die?«
»Silber?«
»Zu Blau sieht das klasse aus. Glaube mir.«
Ihre verrückte Mom. Sie hatte so einige schräge Kleidungsstücke und trug zum Glück die gleiche Schuhgröße.
»Mal gucken, wie es aussieht«, meinte Emma zögerlich. So langsam wurde sie nervös. Was, wenn diese Schuhe auch nicht gut aussahen? Was, wenn Ben wirklich kommen würde?
Sie schlüpfte hinein und starrte in den Spiegel. Sie fühlte sich wie Aschenputtel, das plötzlich in dem neuen Kleid wunderschön aussah. »Großartig, du siehst bezaubernd aus, Schatz«, sagte Mom leise. Sie schien wirklich ergriffen zu sein.

Emma lächelte. Sie fühlte sich gut, so gut wie lange nicht zuvor. Was hatte Berlin aus ihr gemacht? Oder sie selbst? Vermutlich Letzteres. Manchmal wirkte ein Neuanfang wohl doch Wunder. Wenn man sich darauf einließ. Und seine Ängste überwand.

»Also los, meine Schicht fängt gleich an, die Party geht loohoos«, trällerte Mom vergnügt. Emma ließ sich ein wenig von ihrer guten Laune anstecken. Jedoch die Sache mit Ben, wie sich all das zwischen ihnen entwickeln würde, bereitete ihr Kopfzerbrechen.

Die Strandbar war von Moms Chef zu einer chilligen Partylocation geschmückt worden. Es standen schon einige Studenten herum, unterhielten sich, wippten im Takt der lässigen Musik mit und tranken ein Bier, einen bunten Cocktail oder Smoothie mit einem Stück Ananas verziert. Angespannt sah sich Emma um, konnte Ben nirgends erkennen. In den hohen, silbernen Sandalen fiel ihr das Laufen schwer und so stellte sie sich mit ihrem Cocktail einfach an den Rand des Partygeschehens. Von dort beobachtete sie ihre Kommilitonen. Einige kannte sie nicht, aber Kim, Hannah, Rob und Danny von der Clique saßen in den bunten Sitzsäcken beisammen. Sehr schade, dass Caro nicht dabei sein konnte, Emma schickte

ihr eine WhatsApp und wünschte ihr bei dem Geburtstag ihrer Oma viel Spaß. Da spürte sie einen Windhauch in ihrem Rücken, roch seinen betörenden Geruch. Sie drehte sich um und blickte in seine blauen Augen. Für einen Moment sagte keiner von beiden etwas, Ben schien von ihrem Aussehen wirklich beeindruckt.
»Du siehst ... megatoll aus.«
Emma lächelte und Ben lächelte auch. So standen sie da und sahen sich an. Emmas Herz hüpfte, schlug Saltos, jubilierte. Er war gekommen, lächelte sie an. Das konnte doch nur ein gutes Zeichen sein oder nicht? Am liebsten hätte sie ihn jetzt berührt, aber immer noch traute sie es sich nicht. Er wollte ihre Hand nehmen, doch sie zog sie reflexartig zurück. Oh nein. Was musste er von ihr denken? Sie musste ihm unbedingt erklären, warum sie vermutlich etwas mehr Zeit brauchte, als andere Mädchen.
»Ich ... wollte dir noch etwas erzählen. Von damals.«
Er nickte ernst. »Aber nur, wenn du magst.«
Sie überlegte, atmete durch. »Es muss sein. Damit du mich verstehst.« Sie ging ein paar Schritte vor, mehr an den Rand der Party, Ben folgte ihr. Von hier sah das lustige Treiben der Leute noch schöner aus. Emma war froh, dass sie sich überwunden hatte, dass sie hierher gekommen war. Dann

sammelte sie all ihren Mut und sprach es an: »Ich ... also, vor drei Jahren, da hatte Mom einen neuen Freund. Einen netten, dachte ich. Einen sympathischen. Und... eines Abends, als Mom bis spät in die Nacht in einer Bar bediente, ist er in mein Zimmer gekommen und ...« Emma stockte, wieder kam alles hoch, all die Erinnerung, der Schrecken, die Scham. »Ich ... ich hab nicht nein gesagt, ich hab es mich nicht getraut. Dabei war ich doch kein kleines Mädchen mehr. Ich weiß auch nicht warum ... ich ...«

»Schhsch«, machte Ben. »Du musst nicht weitererzählen.«

Emma schluckte. »Doch. Ich ... er hat mich angefasst und ... ich musste es auch ... es war so widerlich. Ich habe mich so klein und schmutzig gefühlt, und dann kam Anton herein ... Dann hat er zum Glück aufgehört. Ich glaube Anton hat das gar nicht kapiert, er war damals ja noch ganz klein. Zum Glück. Aber ich ... ich habe mich so geschämt und konnte keinem Mann mehr vertrauen. Ich hatte mich so getäuscht in ihm. Er sah so nett aus, so normal ...«

Ben sah sie an und Emma bekam mit einem Mal Panik, dass er sich jetzt tatsächlich von ihr abwenden könnte. Doch Ben nahm sie nur sanft in seine Arme, drückte sie an sich und hielt sie ganz, ganz fest. Die Leute aus seiner Clique sahen herüber, aber es schien ihm egal. Emma blendete alles um sich herum einfach aus. Wie gut das tat, wie ihr Herz raste.

Nach einer halben Ewigkeit, als ihre Herzen beide wieder etwas ruhiger schlugen, im Gleichklang, löste er sich etwas. Er hielt sie aber noch an den Schultern sanft fest, sah ihr tief in die Augen. Seine Lippen, seine vollen Lippen näherten sich den Ihren. Erst sehr zögerlich, immer abwartend, ob sie das jetzt auch wirklich wollte, doch Emma nickte lächelnd und befreit. Und als sie seinen Mund auf ihrem spürte, wusste sie, es war überstanden. Sie konnte ihm vertrauen, sie würde diesen Mann aus tiefstem Herzen lieben.

»Emmaaaa!«, schrie Anton. »Wieso knutschst du denn Ben?« Emma und Ben lachten, sahen zu dem Kleinen und zu Mom und Werner, die herübergrinsten. Ben nahm Emma wieder fest in den Arm, so fest, als wolle er sie nie wieder loslassen und flüsterte ihr leise ins Ohr: »Liebe dich - immer.«

ENDE

Liebe Leserin, lieber Leser,

ich danke euch herzlich, dass ihr Emmas und Bens Geschichte in eure Romansammlung aufgenommen habt. Ich hoffe, sie hat euch berührt, zum nachdenken gebracht und gut unterhalten. Caros Geschichte könnt ihr in Band 2 der Liebe Dich-Reihe lesen, in „Liebe Dich – ewig", viel Spaß damit.
Besucht mich gerne entweder live auf der nächsten Buchmesse auf unserem »Autorensofa« und/oder im Internet. Tragt euch auf meiner Homepage in meinen Newsletter ein (damit wir immer in Kontakt bleiben und ihr von der nächsten Veröffentlichung, Gewinnspielen etc als Allererste erfahren werdet):

www.Anja-Saskia-Beyer.com
Über einen Besuch auf meinen Facebook- oder Instagram-Seiten würde ich mich auch riesig freuen, hier könnt ihr mir gerne ebenso schreiben:
www.facebook.com/AnjaSaskiaBeyer
www.instagram.com/AnjaSaskiaBeyer

www.ingramcontent.com/pod-product-compliance
Lightning Source LLC
Chambersburg PA
CBHW051646040426
42446CB00009B/1002